JN059491

家族に頼らない
おひとりさまの
終活

〜あなたの尊厳を託しませんか

OAG税理士法人　　㈱OAGライフサポート　OAG司法書士法人
奥田　周年　黒澤　史津乃　太田垣　章子 共著

ビジネス教育出版社

はじめに

　超高齢社会と言われるようになって久しいわが国では、近年「孤独死」「高齢者うつ」「高齢者自殺」「老後２千万円問題」「認知症」など、老齢期にまつわる不安に関連するワードが、テレビ、新聞、雑誌、インターネット上で溢れています。

　特に、これから老齢期に向かっていく、しかし頼りになる子どもがいない、もしくは子どもはいるけれどあえて頼りたくないという方々にとっては、こうしたネガティブな情報は将来への不安を煽るばかりで、実際のところはどうなのか、解決策はどういったものがあるのかという有益な情報には、なかなか出会えていないのではないでしょうか。

　ただ老齢期への不安を漠然と募らせるのではなく、まずは、これからのあなたの人生の道筋をきちんと整理して考えてみるところから始めてみましょう。そのためには、誰にでも必ず訪れる自らの死という事象に正面から向き合うことが必要です。

　日本では、死というものについて考えること、死について触れることを、極端に忌み嫌う傾向があります。これは古くから日本に根付いてきた死はけがれたものであるとする「死穢観」に基づくものです。

　このように「死穢観」が蔓延していた日本の社会では、その結果として、どのように生を全うしてどのように死んでいきたいか、生と死をどのように捉えるかといった「死生観」の議論がなされにくい環境でした。

　これまで、「死」について語ったことのなかった人が死ぬ間際になったとき、その人の「死生観」が誰にもわからなかったとしたら、その人の最終段階の医療については、いったい誰が判断して決めてきたのでしょうか。

　答えは当然、家族です。つまり、人生の最終段階においては、「本

人にとっての生と死」（自分事）ではなく、家族にとって「大切な人の生と死」（他人任せ）だったわけです。

　人生の最終段階の決断を、他人任せではなく、自分事にしたいとは思いませんか？　しかも、任せる他人がいなかったとしたら、なおさら自分事として「自立期」にいる今のうちに、ご自身の「死」と向き合ってみましょう。

　本書は、生涯独身の方、子どものいない夫婦で配偶者に先立たれた方、離婚された方など「おひとりさま」と呼ばれることの多い方々だけでなく、子どもや兄弟はいても事情があって頼れない・頼りたくないという皆様の"終活"のために書かれた本です。

　そんな皆様は、自分で判断できなくなったときに備えて、事前の自己決定が必要不可欠です。そしてその実現のためには、信頼できる誰かに「自己決定＝尊厳」を託しておかなければなりません。

　本書では、これを「尊厳信託」と名付け、家族に頼らずにエンディング期を迎える皆様へ、ひとつの解決方法としてご提案します。

　第1部では、自分が望むエンディングを実現するために「自分でやっておくべきこと」と「信頼できる誰かにお願いすること」に区分し、事例や図表・イラストも交えてわかりやすくまとめました。

　また第2部では、自分で管理できなくなったときのお金のこと、家族に頼らないと決めたときに書く「遺言」について実務的に解説するとともに、税務上の留意点もまとめました。

　人生のエンディングを心穏やかに迎えるための足がかりとして、本書が読者の皆様のお役に立てば幸いです。

2021年7月

著者一同

家族に頼らない おひとりさまの終活
～あなたの尊厳を託しませんか

目　次

第1部　家族に頼らない「エンディング期」への心構え
～おひとりさまに必要なこと

4

1 エンディング期は家族任せの他人事ではなく、自分事として考える

1 令和の家族像とは

　日本の社会は、いったいいつまで「夫婦で子ども2人以上、いつでも呼べば来てくれる長男の妻は専業主婦」という家族像を標準としていくつもりなのでしょうか。令和の現在でも、こうした家族像は典型例と言えるのでしょうか。誰が考えても、答えはノーでしょう。

　今では、生涯独身の方も、子どものいない夫婦も、離婚や死別によりひとりになった方もたくさんいます。子どもがいたとしても、その子どもに障害があるなどの理由や、疎遠になっている、仲違いをしているなどの理由により、老後のことを託すことができない方もたくさんいます。

　また最近では、新型コロナウイルス感染拡大により、頼りにしようと思っている家族が離れた地方に住んでいるとか、海外に赴任しているなどという場合にも、いざというときに駆けつけてくれないリスクが顕在化しているのです。

さまざまな令和の家族像

　さらに言えば、子ども世帯の状況はどうでしょう。昭和の時代と違って、親の面倒は

長男の妻が見るという常識は通用しません。長男の妻も、今はその大部分が、仕事をしているか子育てに忙しいか、もしくは子育てしながら仕事もこなしているか……つまり、とてつもなく多忙なのです。

そんな変容した令和の家族像であるにも関わらず、死の前後の「エンディング期」における「家族」に求められる役割は、少なくなるどころか増大する一方なのが現実です。

2 死の前後の「エンディング期」における家族に求められる役割

なぜ家族に大きな役割が求められつづけるかといえば、本人が自分自身で意思を表示できない状況下においては、関係各所は必死にリスク回避を図らなければならないからです。

ケース	家族に求められること	留意点
病院で手術が必要なとき	同意の署名 退院後の生活設計	病院側は遺族から訴訟を起こされるリスクあり 入院契約は死亡と同時に終了
老人ホームに入居しているとき	命にかかわること お金の管理	入居契約は死亡と同時に終了
在宅で介護を受けているとき	命にかかわること お金の管理	利用契約は死亡と同時に終了

手術が必要になったとき

病院で手術が必要な状況となり、あなた自身は意識が朦朧としているとします。その状態で手術が始まってしまい、もしその後すぐに死亡したということになれば、病院側は遺族から訴訟を起こされるリスクに直面します。

そのリスクを回避するためには、インフォームドコンセント（患者や家族が病状や治療について十分に理解し、医療側も患者・家族の意

向をどのように受け止めたか、どのような医療を選択するか、関係者が互いに情報共有し、合意するプロセスのこと）を推進していかなければなりません。

では、いったい誰に説明すべきでしょうか。あなた本人は、説明を聞いて理解する能力がない状況です。だとしたら、あなたに万が一のことがあったときに、法律上あなたの権利義務を承継することとなる相続人、簡単にいえば家族に対して、これから行われる手術について、起こり得るリスクとともに説明し、同意の署名をもらっておかなければなりません。

手術に限らずとも、今では内視鏡検査をするだけでも、本人にその時点で説明を聞いて同意書にサインをする能力がないとしたら、家族の出番となります。

また、退院の目途がたったとき、退院後の生活設計も、あなたにその決断する能力がなければ、病院側の要請によって家族が大活躍しなければなりません。

まだ自宅に戻ってひとりで生活するのは無理なので、リハビリ病院に転院してもらいます、そこの見学に行って申込みをしてきてください、自宅に戻ったら介護保険を使わなければならないので、介護保険の申請をしてきてください、自宅での生活は難しいので入居できる老人ホームを探してください。

もちろん、病院の相談員さんが親切に教えてはくれるのですが、原則として動くのはすべて家族です。

老人ホームに入居したとき

次に、老人ホームに入居したときはどうでしょう。老人ホームの職員がすべて面倒をみてくれるのだから、家族の出番はないだろう……なんて思ったら大間違いです。

老人ホームでお世話になっている時期というのは、「自立期」から外に出た「フレイル期」もしくは「後見の時期」に該当することが多

いので、もちろん、身体的な面では行き届いたお世話をしてください
ますが、老人ホームでは「命に関すること」と「お金に関すること」
には関わらないというのが大原則です。

　もし老人ホームの中で急に倒れてしまったとしたら、老人ホームの
職員が救急車を呼んで、病院に救急搬送するところまでは、プロの仕
事としてやってくださいます。

　しかしその後、入院の保証人の欄に名前を書いたり、家族の代わり
として医師からの説明を受け、治療の方針に同意したりするようなこ
とは、老人ホームの職員だけの判断ではできないのです。こんなとき
も、家族が呼び出されることになるでしょう。

　また、お年寄りの24時間365日の生活の場である老人ホームの職員
が、その入居者のお金に関するお手伝いまで自由にできることとなれ
ば、やはりそれは倫理上、危険な行為だと言わざるを得ません。

　老人ホームでは、入居者のお金のトラブルに巻き込まれないように、
お金に関することは家族の役割だとしているのです。

在宅で介護サービスを受けているとき

　在宅で介護保険を使いながら生活している場合も、老人ホームと同
様です。ケアマネージャーが介護のためのケアプランを立てて、訪問
介護や訪問看護などを柔軟に手配してくださるのですが、「命に関す
ること」と「お金に関すること」については、原則として介護保険の
関係者は立ち入るべきではなく、あくまでも家族の役割だとされてい
ます。

　そして、病院、老人ホーム、自宅、どの場所なのかはわかりません
が、あなたが亡くなったときには、病院の場合は入院契約、老人ホー
ムの場合は入居契約、自宅の場合は介護の利用契約は、亡くなったと
同時に終了してしまうので、それぞれの関係者にはあなたのことに関
わる権限がなくなってしまうのです。

　死んだら老人ホームの人が何とかしてくれる、これまでこんなにお

世話になったのだからケアマネさんが私のことを看取って見送ってくれる……という考えは間違いです。

　老人ホームの職員や、ケアマネさんには、あなたの死後のお世話をする権限がないのですから。彼らも、善意だけで勝手にあなたの亡くなった後のことまでお世話してしまい、後から越権行為のトラブルに巻き込まれてしまうことは避けなければなりません。

　では、誰が呼ばれるのか。この後、第1部で説明するような「尊厳信託」の契約がないとすれば、家族が呼ばれて何とかするしかないのです。

③ 「頼れる家族がいない」ことを原則と考えて準備する

　ここまで見てきたように、超高齢社会に突入した日本では、死の前後の「エンディング期」に受けられるさまざまなサービスが充実してきていることは事実ですが、いずれも「すぐに連絡が取れて、いざというときにすぐに駆け付けてくれる家族がいる」ということが原則になっています。

　そのような家族がいないということは、あくまでも例外扱いなのです。厚生労働省はこうした原則論をもとに、団塊の世代が後期高齢者になる2025年までに、高齢者が住み慣れた地域に最後まで住みつづけられるような「地域包括ケアシステム」を構築するという目標を掲げています。

　実際には、今、この原則と例外の比率はどのようになっているのでしょうか。残念ながら具体的な調査結果は見当たらないのですが、最前線の現場を見ていると、原則と例外という言葉が当てはまらないほど、例外のほうの比率が急上昇しているような印象があります。

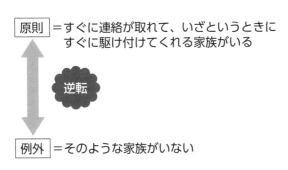

原則 ＝すぐに連絡が取れて、いざというときに
すぐに駆け付けてくれる家族がいる

逆転

例外 ＝そのような家族がいない

　このねじれ現象を、現場の医療職、介護職などの方々が、少しずつそれぞれの職域範囲を超えるというリスクを冒しながら、目の前の困っている高齢者のために尽くして何とか乗り切っているという現実を、しっかり認識すべきです。

　この問題を、現場の善意と努力にのみ頼って放置すべきではありません。これからますます原則と例外の比率の逆転現象が進み、「頼れる家族がいない」という人が増加の一途を辿ることだけは明らかです。

　日本全体で「頼れる家族がいない」ことを原則として、死の前後の「エンディング期」にある高齢者を支えていく仕組みを構築していくことが急務ではないでしょうか。

2 これからの人生のマッピング

1 心身ともに健康な「自立期」

　あなたのこれからの人生の道筋を考えるとき、今、わかっている確実なことは、たったの2つしかありません。一つは、今、あなたが心身ともに健康な「自立期」にいるということ、もう一つは、いつかは必ず三途の川を渡って「死後」の世界に行くのだということです。この2つ以外は、何一つ確実なことはありません。

　もし「私は3年後から軽い認知症になって、5年後に誤嚥性肺炎で死亡します」というようなシナリオがわかっていたとしたら、3年後に始まる認知症を目前に自宅を売却して老人ホームに入居し、その後2年間だけ生きていける分と葬儀代だけのお金は残しておき、それ以外のお金は今のうちにパーっと使ってしまおうなどという計画が立てられます。

　つまり、人生の確定したシナリオがわかっていれば、老齢期にまつわる不安感は一掃されるはずなのです。

　ところがそれはまったく現実的ではなく、人間は誰もが平等に、一歩でも「自立期」から足を踏み出せば、その後の人生は不確実なことばかりなのです。

　だからこそ、考えられるシナリオをすべて洗い出し、想定されるリスクを分析し、それぞれの解決方法をシミュレーションしておくことが必要となります。

　そしてそうした備えは、今、あなたが「自立期」にいるときにしておかなければなりません。なぜなら、一歩でも「自立期」から足を踏み出せば、そこはもう不確実だらけの世界、そしてあなたはそのときに襲い掛かってくる不確実な事象に、その場で対応できる十分な判断力を有していません。

　老齢期や死亡後に備えられる時期は、「自立期」しかないということを強く心に留めてください。そしてここからは、下記の「人生のマッピング」図において「自立期」から一歩でも外に出てしまったすべての時期（フレイルの時期、認知症等で判断力をなくした時期（後見）、亡くなった後の時期）を総称して、死の前後の**「エンディング期」**と呼ぶこととします。

　「エンディング期」においては、自分自身で判断することも難しく

▶これからの人生のマッピング

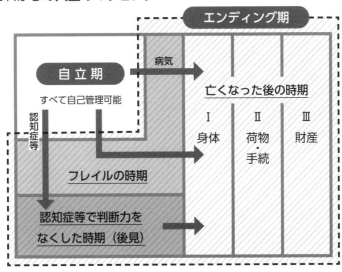

なりますし、自分自身の意思を適切に表明することができなくなるのです。

2 死の前後の「エンディング期」

1 病気や軽い認知症によるフレイル期

交通事故などによる即死や、脳梗塞等の後遺症による突然の意識消失を除けば、あなたが「自立期」から一歩足を踏み出した状態は、「フレイル期」です。

「フレイル」とは、加齢により筋力や精神面が衰える状態を指すことばで、ここでは、病気療養期間や軽度の認知症の症状が現れている期間を想定しています。

病気療養でいえば、急な病気で入院することになったときなど、そのときにあなたの意識がしっかりしていれば問題ありませんが、もし意識が混濁しているようなことがあれば、その先、医師の説明を受けながら、どのような医療を受けるのかということを、あなたが自分自身で決めることができなくなってしまいます。

急性期の病院をすぐに退院しなければならなくなったときも、リハビリ病院に転院するのか、自宅に戻ることができるのか、戻るとしたら自宅をどのように改修しなければならないか、ひとり暮らしが難しいとしたら老人ホームに入居しなければならないのかなど、決定しなければならない重要なことはたくさんあります。

しかし、入院によってせん妄の症状（身体疾病や薬の影響で、一時的に意識障害や認知機能の低下が起こること。高齢者の入院中に起こりやすい）が出現するなど、あなたが「自立期」にいたときのように、自分のことをすべて自分で決断し行動することが難しくなってしまう

ケースが多いのです。

　そういうときには、あなたに代わってあなたの意思を代弁し、決断してくれる人が必要となります。そのようにあなたの意思決定を支援して、あなたの尊厳を守ってくれる人には、**①あなたの希望や考え方を理解してくれること、②あなたに代わって決断する権限が与えられていること**、という2つの条件が必要で、あなたが元気なうちにその準備をしておかなければなりません。

2　重度の認知症や意識障害で判断力を失った、人生の寄り道期（後見人が必要な時期）

　認知症によって出現する症状には、さまざまなものがあります。なかでも、徘徊、被害妄想、幻聴、幻覚、他人への攻撃など、他人との関わり合いのなかで障害となるような症状が現れると、周囲の人々はその対応に苦慮することになります。

　あなたのキャッシュカードの暗証番号までを把握しているような家族がいれば、裁判所が関与する後見制度まで利用するケースは少ないかもしれません。

　しかし、あなたがもしそのような家族に頼れない状況だとしたら、あなた自身に適した生活の場や療養の場を選定する、適切な介護が受けられるような手配をする、必要な支払いをするといったようなことを、いったい誰が行うのでしょうか。

　あなたが認知症によって正常な判断ができなくなったり、自分自身のお金の管理ができなくなったりしたときは、家庭裁判所の審判に基づく後見人等による支援が必要となります。

　後見制度を定めた法律と家庭裁判所の審判により権限が付与された後見人等が、判断をすることができなくなったあなたに代わって、生活環境の整備と財産の管理を、責任をもって請け負ってくれるのです。

　あなたが自分自身で適切な判断ができなくなったとき、自分自身の意思を的確に伝えられなくなったとき、あなた自身の尊厳を守る方法を考えておかなければなりません。

3　亡くなった後の事務には「取りまとめ役」が必須

　「フレイル期」から直接なのか、もしくは後見人等が必要な人生の寄り道を通ってからなのかは、そのときになってみなければわかりませんが、誰もが必ず渡ることになるのが「三途の川」です。

　亡くなった後のことといえば、残った財産のことにばかり焦点が当たりがちですが、実は、死亡後にやらなければならない事務は、膨大かつとても幅広いものです。そして、「取りまとめ役」の存在が必須です。

　病院で亡くなった場合に忘れがちなのは、最初に発生する死後の事務は退院手続、つまり最後の入院費の支払いです。そして、年金や健康保険の死亡の届出、賃貸住宅や老人ホームの解約・原状回復手続、公共料金の停止、携帯電話の解約など、実に多岐にわたる事務が押し寄せてきます。

　亡くなった後にすぐに着手しなければならないお身体のことや手続をすべて済ませた後に、残った財産をどうするのかという問題が出てくるのです。

　この場面では、あなたの意思とは関係なく法定相続人同士の話し合いで遺産の配分が決まるのか、それともあなたの希望が盛り込まれた遺言による遺産の配分になるのか、それはあなたが元気なときにした準備次第です。

　亡くなった後のことだけは、どうあがいても、あなたが自分自身で行うことはできません。いくらスマートに誰にも迷惑をかけずに、ひっそりと死んでいこうと目論んだとしても、亡くなった後には、必ず誰かを巻き込まなければならないということだけは、ご記憶に留めておいてください。

プロローグ

3 おひとりさまの検討ノート

❶ 医療のこと

（1）意識なく病院に搬送されたら？　　◯ フレイル ◯ ◯

（2）命の終わりの決め方は？　　自立 ◯ ◯ ◯

（3）看取り介護とは？　　◯ フレイル 後見

❷ 住まいのこと

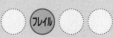

（1）終の住み処はどう決める？　　自立 フレイル 後見 ◯

（2）持ち家の処分はどうする？　　自立 ◯ ◯ ◯

（3）荷物の処分はどうする？　　自立 フレイル ◯ ◯

❸ お金のこと

（1）病気療養中のお金の管理は？　　◯ フレイル ◯ ◯

（2）認知症になったときのお金は？　　◯ ◯ 後見 ◯

（3）死亡後の財産はどうなる？　　◯ ◯ ◯ 死後

（4）どんな準備が必要？　　自立 ◯ ◯ ◯

4 死後の事務のこと

（1）葬儀や供養はどうやって決める？ ◯ ◯ ◯ 死後

（2）お墓はどうやって選べばいい？ ◯ ◯ ◯ 死後

（3）死亡届は誰が出してくれる？ ◯ ◯ ◯ 死後

（4）遺品整理は誰がやってくれる？ ◯ ◯ ◯ 死後

（5）死後事務のお金はどう支払う？ ◯ ◯ ◯ 死後

（6）ペットはどうしたらいい？ ◯ フレイル 後見 死後

5 身元（引受）保証のこと

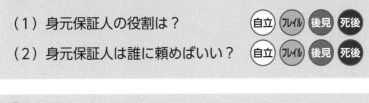

（1）身元保証人の役割は？ 自立 フレイル 後見 死後

（2）身元保証人は誰に頼めばいい？ 自立 フレイル 後見 死後

6 「尊厳信託」契約のこと

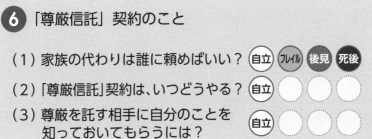

（1）家族の代わりは誰に頼めばいい？ 自立 フレイル 後見 死後

（2）「尊厳信託」契約は、いつどうやる？ 自立 ◯ ◯ ◯

（3）尊厳を託す相手に自分のことを
　　知っておいてもらうには？ 自立 ◯ ◯ ◯

第 **1** 部

家族に頼らない
「エンディング期」への
心構え

～おひとりさまに必要なこと

「エンディング期」の
おひとりさま事件簿

　まずは、頼れる家族がいない高齢者（子どものいない夫婦も含みます）で、実際に起こり得る事例をいくつかご紹介していきます。

　ここでは、頼れる家族がいないことによって、どんな困ったことになるかということをお伝えし、あなたにまずは問題意識を共有していただいた後、こういう場合にはどのような知識を身につけ、どんな制度を利用すればよいのかをご紹介したうえで、この第1部の最後に、実際の解決方法をお示しします。

元気だったのにいきなり要介護状態へ

⇒ 解決策は **136**ページ

生涯独身で子どももいない80歳代前半の女性Wさんは、とても気さくで陽気なお人柄で、趣味は銀座や日本橋のデパート巡りでした。年齢の割に足腰も強く、80歳を超えてもまだ介護保険の認定を受けたこともなく、週に1度はバスと電車を使い、東京都の郊外から銀座や日本橋まで出かけていました。

ところがある日、いつものように銀座のデパート巡りを終えて、東京メトロ銀座線で日本橋に移動しようとしたところ、銀座駅のホームで倒れてしまった勢いで、ホームから線路に転落してしまったのです。

不幸中の幸いで、電車が発車した直後だったので次の電車がホームに到着するまでには間があり、電車にはねられることも接触することもなく救出され、腕と足の骨折と脳挫傷で総合病院に運び込まれました。

Wさんの場合、脳挫傷の後遺症が大変でした。短期記憶障害や幻覚幻聴などに加えて、それまでの気さくで陽気なお人柄とは打って変わって、暴言暴力が頻繁に表出するようになったのです。

骨折についても、完全にもと通りに歩けるようになるほどの治癒は望めず、リハビリをしようにも、暴言がひどくて理学療法士の指示に従うことができない状態で、車いすのままです。

Wさんは、2人いる姉妹とももう10年以上連絡を取っていない間柄ですし、その子どもたち、つまり甥姪とは、彼らが子どものときに何度か会ったきりです。

Wさんが運び込まれた急性期の病院では、Wさんの暴言や暴力に看護師たちも困り果てており、もう治療することはないから、早く退院してほしいと言われてしまいました。

まだ介護保険の認定も受けたことのないWさん、一命は取りとめたものの、この先いったいどうやって生活していけばよいのでしょうか。

末期がんを宣告された初老男性と残される老母

⇒ 解決策は **138** ページ

　婚姻歴も子どももなく、兄弟もないという60歳代後半の男性Mさん。65歳で一流企業を退職し、神奈川県の一戸建ての自宅で暮らしながら、気の合う仲間との週3回のテニスを楽しみに、悠々自適な生活を送っていました。

　心配事といえば、唯一の親族といえる90歳を超えた母親のこと。Mさんの母親は、もう15年以上にわたり遠く兵庫県の特別養護老人ホームに入居しています。Mさんは現役時代から欠かさず、月に一度はその特別養護老人ホームに出向いて母親に会い、担当者とも連絡を密にとっていました。Mさんいわく、「僕は父親には会ったことがない。母は、父の愛人という立場で僕を産んだ。母は僕に肩身の狭い思いをさせないように、昼夜働いて僕を大学まで出してくれました。」と。

　Mさんの母親は、20年近く前に発症した脳梗塞の後遺症で、半身麻痺の状態がつづいており、車いすでの生活を余儀なくされていますが、特養での生活に慣れ親しんでおり、Mさんも母親にとってはここで最期まで面倒を見てもらえるのが一番幸せだと感じていました。

　そんなMさん、あるときから食べ物を飲み込むときに違和感を覚えるようになり、精密検査を受けたところ、すでにかなり進行した食道がんであることが判明しました。

　Mさんには、母親以外に親族と呼べる人は誰もいません。これから、入院、手術、その後、放射線治療などがつづくかもしれません。それでも手術や治療がうまくいかず、あと数年で亡くなってしまうかもしれない。母親には何も頼めないのだから、いったい、誰にMさんのこれからのガンとの闘いとその後のことを託せばよいのでしょうか。

　さらにMさんは漠然と、母親を看取ってから死ぬものだと考えていましたが、自分が母親より先に亡くなってしまったとしたら、ひとりになった母親のこと、母親が亡くなったときのことを、いったい誰に託したらよいのでしょうか。

独身で子どもも
兄弟もいない
Mさん。

週3回の
テニスが
楽しみ

ところがMさんが
末期の食道ガンに。

……

心配事は
特養にいる
母親のこと。

Mさんと母親は
二人きりの親族。

僕が先に死んだら
お母さんは
大丈夫かなぁ
……

Mさんは女手ひとつで
大学まで出してくれた
母親への感謝を
忘れません。

親より先に子どもが
死亡する「逆縁」の
ケースが増えています。

「逆縁」への備えは
どうすれば
よいのでしょう。

事例

3

交通事故で入院したが、家族不在で保険会社とのやりとりもできず

⇒ 解決策は **140**ページ

　Nさんという60歳代中ごろの男性は、半年ほど前に、原付バイクに乗っていたところを乗用車と衝突し、救急車で病院に運ばれてきました。

　脊椎を激しく損傷してしまい、首から下はまったく動かすことができない状態、自発呼吸も難しく人工呼吸器を装着しており、発語も難しいが、こちらの声掛けに理解はできていました。

　問題は、Nさんには家族がなく相談する先が誰もいないということです。この病院は急性期の病院なので、この先は長期療養型の病院に転院しなければなりません。

　さらに病院が困っていたのは、家族も誰とも連絡が取れなかったので、半年にわたり入院費が一度も支払われていないということでした。Nさんの持ち物の中に1冊の預貯金通帳があり、少なくとも800万円程度の資産はあるということだけはわかっていましたが、誰もそれを動かすことができません。

　通常、交通事故で入院した場合、本人のケガが酷くてお話しできないような場合でも、家族が保険会社と話し合い、弁護士に相談したり、示談をしたり、話し合いがまとまらなければ裁判をしたり……といったようなことになるのですが、Nさんの場合は、保険会社とのやりとりもまったく進んでいない状況でした。

　Nさん本人がすでに完全に意識消失状態であれば、行政が介入して成年後見人をつける手続に進むのでしょうが、Nさんの場合は、こちらからの声掛けを理解して頷いたり首を振ったりすることができるため、判断力を喪失した後見状態とはいえませんでした。

　家族がいなければ、交通事故にあっても損害保険会社とのやりとりすらできないということでしょうか。

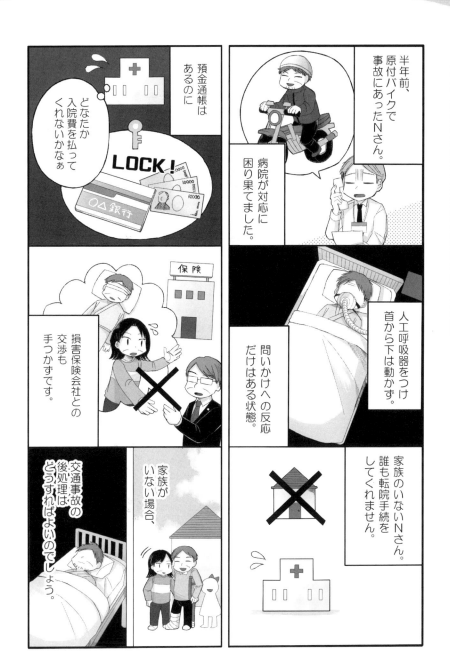

半年前、原付バイクで事故にあったNさん。

病院が対応に困り果てました。

人工呼吸器をつけ首から下は動かず。

問いかけへの反応だけはある状態。

預金通帳はあるのに

どなたか入院費を払ってくれないかなぁ

LOCK!

○△銀行

損害保険会社との交渉も手つかずです。

家族のいないNさん。誰も転院手続をしてくれません。

家族がいない場合、

交通事故の後処理はどうすればよいのでしょう。

夫婦の形勢逆転はいつでも起こり得る

⇒ 解決策は **142**ページ

千葉県のベッドタウンの一戸建てにお住まいだった80歳代前半のSさんご夫婦には子どもがなく、夫婦で仲睦まじく暮らしてきました。夫は必死で働いて、63歳で退職しました。妻は結婚後は専業主婦として忙しい夫を支えてきました。

ある時期から、妻に認知症の症状が強くみられるようになり、次第に掃除ができなくなる、買い物に行っても何を買ってくるのかわからなくなる……など、家事全般を行うことが難しくなりました。

夫がその分を手伝おうにも、うまくできない。しかも、妻の足腰が目に見えて弱くなり、寝室のある2階への階段を上がることも難しくなってしまいました。

そこで夫は思い切って自宅を売却し、夫婦そろって有料老人ホームに入居することにしました。通常、有料老人ホームは個室がほとんどですが、居住面積の広い部屋を「ご夫婦部屋」として提供しているところもあります。

有料老人ホームへの転居のタイミングは的確で、その後、妻の認知症はさらに進行し、意味のある言葉のキャッチボールもできなくなってしまいましたが、普段の介護は老人ホームの職員がやってくれますし、夫が妻の分まで金銭の管理をして、老人ホームのレストランで三食を食べながら、ときには一人で趣味の競馬を見に行ったりして過ごしていました。

ところが、元気だった夫が急な脳梗塞で倒れてしまったのです。脳の損傷の度合いは激しく、完全に意識がないまま命がつづいている状態でした。夫はとても入居していた老人ホームに戻れるような状態ではありません。ホームに残された妻に、職員が夫が倒れたことを説明したら「あら、私は結婚なんてしたことはないわよ」と答え、夫の存在すらまったく理解できない状況でした。今後、Sさんご夫婦はそれぞれどのように生活していけばよいのでしょうか。

夫はサラリーマン
妻は専業主婦でした。

子どものいない
老夫婦のSさん。

妻は次第に
家事のやり方も
わからなくなり

足腰も
弱って
いきました。

この認知症の
症状を
きっかけに

夫婦で
老人ホームに
入居。

夫は認知症の妻の
お金も介護も
すべて面倒をみて
管理していました。

ところが
元気だった夫が
脳梗塞に。

失礼ですが
どちら様
ですか?

夫婦の状況が
一気に逆転。

この先夫婦はそれぞれ
どうなるのでしょうか。

31

⇒ 解決策は **144** ページ

事例 5 誰にでも可能性のある孤独死

　栃木県在住、70歳代後半のKさんは、独身で友だち付き合いも活発で、県内のスキー場近くに小さな別荘を持ち、冬になるとその別荘を利用して仲間たちとスキー三昧の生活を送っていました。

　ところが、そんな活動的だったKさんが、ある年のまだ残暑厳しい9月、自宅マンションで亡くなっているところが発見されたのです。同じ階の住民から「異臭がする」と訴えがあったことから、発覚しました。

　冬場であれば、スキー仲間がもう少し早く異変に気づいたでしょうに、自宅から警察署に運ばれたご遺体の本人確認は、猛暑の時期に長い間発見されなかったことから、DNA鑑定によるものだったそうです。死体検案書の死亡日時は、「令和○○年7月20日から30日までの間頃」と書かれていました。死亡日時にこんな記載もあるのです。

　警察での死体検案となると、警察が親族探しをします。その結果、Kさんには2回の離婚歴があり、前妻との間に1人、後妻との間にも1人と、2人の息子さんがいることがわかりました。警察はそれぞれの息子さんに連絡し、ご遺体の引取りを要請しましたが、どちらの息子さんにも断られてしまいました。

　こんな場合に、血がつながっているからと言って、どちらかの息子にKさんのご遺体を強制的に引取らせるというわけにもいかないでしょう。

　「孤独死」の場合、必ず警察による死体検案と親族探しが行われますので「親族に迷惑はかけない」と心に決めていたとしても、子どもだけでなく兄弟姉妹や甥姪などがいれば、そうした親族に警察から「孤独死」の第一報が入ります。

　たとえそうなったとしても、その後のことを親族に頼らずに済む、迷惑をかけずに済むためには、どうしておけばよいのでしょう。

70代後半 独身貴族のKさん。

冬場は趣味の スキー三昧です。

Kさんの財布には 幼い頃の息子たちの 古ぼけた写真が。

二人の息子にも 複雑な思いが あるのでしょう。

ところが 猛暑の時期に 孤独死して しまいました。

孤独死をすると 親族に必ず 連絡が行きます。

調査

ほぼ初対面

!?

警察の調査で 判明した 二人の息子は、

遺体の引取りは できません

子どもに迷惑を かけないためには どうすればよかったの でしょうか。

　80歳代前半の女性Yさんには子どもがなく、夫は10年前に亡くなっていて、神奈川県の一戸建ての自宅でひとり暮らしをしていました。

　Yさんはもう数十年にわたり常に猫を数匹飼っており、決して広いとは言えない自宅のリビングの中心には、キャットタワーと呼ばれる猫の遊び場が設置されており、猫が中心の生活を送っていました。

　そんなYさんも、徐々に認知症の症状が見られるようになってきており、自宅の部屋の片づけやゴミ出しなどができなくなってきました。

　要介護認定を受けて、ケアマネージャーが介入して訪問介護などの支援を受けるようになりましたが、介護保険ではペットの世話は対象外となるので、猫の糞尿の始末などが以前のようにはうまくできなくなっているYさんの自宅は、あふれる荷物と猫の糞尿の臭いで、劣悪な環境となっていきました。

　今後、多頭飼いの猫の世話とYさん自身の生活をどうしていけばよいかということを、ケアマネージャーなど介護保険関係者で検討している最中に、Yさんが自宅で急に亡くなってしまったのです。

　警察が検案に入り、親族として甥にも警察から連絡が入りましたが、甥はマンション暮らしとのことで、猫の引取りは当然ながら拒否。生前にお世話になってきたケアマネージャーたち介護保険関係者は、亡くなった後のことを行う権限はありません。Yさんの亡くなった後の自宅には、4匹の猫が残されてしまいました。

　ペットだけが自分の家族だという思いを抱いている人が多いのが現実なのですから、飼い主が「エンディング期」に突入してしまうリスクに対して、どのような備えをしておけばよかったのでしょうか。

80歳を過ぎたYさんの生活は常に数匹の猫が中心です。

ところがYさんが認知症で猫たちの世話が困難に。

そしてYさんの自宅は劣悪な環境に。

そしてある時Yさんが急死してしまいました。

この先誰が面倒みてくれるニャン?

甥は猫たちの引取りを拒否。猫たちの行方は?

NO

ペットを飼うお年寄りにとって、認知症やいつか訪れる死は大問題です。

遺言書

我が子のようなペットを安心して飼い続けるための備えとは?

1 意思表示書を作成する

24ページ以降の「事件簿」は、どれもすべて遠い世界の絵空事ではなく、いつでも起こり得ることだとおわかりいただけると思います。そしてどの事例でも、主人公である本人は、「エンディング期」に突入してしまったため、自分自身ではどうすることもできなくなってしまったのです。

では、あなたが「エンディング期」に突入してしまう前に、どのような準備をしておけばよいのでしょうか。「医療のこと」「住まいと介護のこと」「死後の祭祀と事務のこと」という3つの分野について、それぞれ詳しく解説していきます。

「お金のこと」については第2部をご参照ください。

① 医療に関する意思表示書の作成

あなたは、ご自分の命にかかわるような病気になったときに、どんな医療を受けたいか、もしくは受けたくないか、考えたことはありますか？　そのときになって考えればよいと思ってはいませんか？

繰り返しになりますが、そういう状況になったときには、おそらくあなたは自分自身で医療方針について決断する能力はなくなっている可能性が高いでしょう。

もしあなたが「自立期」にいる今、ご自分の「生と死」について考えてみようと思い立ったとしたら、先延ばしにしないで、ぜひともす

ぐに実行に移してください。あなたの「自立期」が、いつ終焉を迎えるのかわからないからです。

　もしかしたら明日、あなたが脳梗塞で意識消失し、救急車で病院に搬送され、これから受けるべき医療の選択や、延命治療の要否などの決断を、あなたに代わって誰かがしなければならないかもしれないのです。

　でも、いきなり「死生観」と言われても、いったい何から考えたらよいのかわからないという方が多いことでしょう。そこで、次に掲げる質問に答えていく形で考えてみてください。

あなたへの質問事項

（1）**正確な病名や余命を、知っておきたいですか？**

（2）**どこで療養したいですか？**
　　　＜末期がんの場合＞　病院・ホスピスや緩和ケア病棟 ・自宅や施設の自室
　　　＜老衰に近い場合＞　病院（療養型病床）・自宅や施設の自室

（3）**口から栄養を摂取できなくなったとき、どうしたいですか？**
　　　＜回復見込みがある場合＞　鼻から経管・中心静脈栄養・胃ろう・自然に任せる
　　　＜回復が見込めない場合＞　鼻から経管・中心静脈栄養・胃ろう・自然に任せる

（4）**手術や積極的治療について、どのように考えますか？**
　　　認知症が進行している場合 ・大腿骨骨折等の外科的手術の場合 ・内臓や脳の手術の場合

（5）**人工呼吸器の使用について、どのように考えますか？**
　　　治癒の見込みがある場合とない場合・老衰に近い場合・新型コロナウイルスの場合

（6）**臨死期の延命治療について、どのように考えますか？**
　　　心肺蘇生・心臓マッサージ・ＥＣＭＯ（人工心肺装置）

（7）**老衰に近い場合の看取り介護について、どのように考えますか？**

このような質問事項に答えていくうちに、あなたはご自分が病気になったときのことを想像し、ご自分の「生と死」に正面から向き合うことができるでしょう。

　よくある医療ドラマでは、重い病気になって意識なく入院しているときには、必ずと言っていいほど、患者本人に代わって家族が医師からの説明を聞いたり、余命宣告を受けたりしています。喋れないあなたの代わりに「たぶん、お母さんならこう考えるよね」とあなたの気持ちを想像しながら、医者や看護師たちと今後の医療やケアについて話し合いをするのです。

　もしあなたに、こういうときに駆けつけてくれる子どもがいなかったとしたら、いったい誰が来てくれるのでしょうか。幼いころから可愛がってきて、お年玉や入学祝いなどお小遣いをあげてきた甥っ子ですか？　そんな甥っ子も、就職して結婚して子どもが生まれて、気づけばもう20年も会っていない……なんてこともよくあります。

　たとえば、そんな甥っ子も優しい子で、病院からの連絡を受けて仕事を早退し、あなたの入院する病院に駆けつけてくれるかもしれません。すると、20年ぶりに会う甥っ子が、もう意識のないあなたの延命治療をするのかしないのかという決断を迫られることになるのです。

　あなたにとってみたら、あなたの命の幕引きを、20年ぶりに会う甥っ子に決めてもらうことをどう感じますか？　また、甥っ子にとっても、20年ぶりに変わり果てた姿で意識消失している叔母さんの命の幕引きの決断をすることは、あまりにも酷ではないでしょうか。

　かといって、医者が勝手に治療方針を決めるわけにはいかないのです。あなたが黙っていても、あなたの価値観や気持ちを理解していて、あなたの意思を堂々と代弁してくれるような信頼関係の強い家族がいないとしたら、あなたはあなたの医療に関する希望を、書面にしておかなければなりません。そして、その書面を、誰かに託しておかなければなりません。

参考までに「意思表示書」の例を2つ掲げます。

Ver1.0（令和元年5月1日発行）

わたしのリビングウィル（事前指示書）

あらかじめ意思を示しておくことで、自分の望む延命治療を、家族や周囲の人に知ってもらうことができます。記入するときは、ご家族や親しい人とよく話し合って、かかりつけ医と相談のうえ、書面の存在を共有しておきましょう。この書面の内容は、最大限尊重され、もしものときの参考になります。

作成日	年	月	日
本人署名			

（何度でも書き直しができます）

1　治療をしても回復が見込めない状態になったときの「延命治療」について（裏面をご覧ください）

(1)　心臓マッサージなどの心肺蘇生法　　　□希望する　　□希望しない

(2)　延命のための人工呼吸器　　　　　　　□希望する　　□希望しない

(3)　鼻チューブ／胃ろうによる栄養補給　　□希望する　　□希望しない
　　　　　　　　　　　　　　　　　　→「（鼻チューブ・胃ろう）どちらかに○」

(4)　点滴による水分の補給　　　　　　　　□希望する　　□希望しない

(5)　□　副作用があっても、痛みなどはできるだけ抑えてほしい

　　　□　ある程度痛みがあってもいい、できるだけ自然な状態で過ごしたい

(6)　最期を過ごしたい場所　　□自宅　　□病院　　□入居施設

(7)　その他の希望（自由にご記入ください）

2　代理判断者の署名欄　　よく話し合ったうえで、署名してもらいましょう。

（ご自身で医療上の判断ができなくなったとき、医師が相談すべき人です）

① 氏名　　　　　　　続柄　　　　／緊急時 TEL

② 氏名　　　　　　　続柄　　　　／緊急時 TEL

3　1と2に記入ができましたら、かかりつけ医に確認してもらいましょう。

※先生方にお願い
患者さんが相談に来られたら、話し合いの内容を確認の上、右欄にご記入をお願いします。原本は本人に返却、コピーを取ってカルテに保管をお願いします。

かかりつけ医記入欄
医療機関名
医師名
連絡先(TEL)

松本市医師会・松本市地域包括ケア協議会

（出典）松本市医師会・松本市地域包括ケア協議会

私の希望表明書

私は、協会発行の「リビング・ウイル（終末期医療における事前指示書）」で、延命措置を受けたくないという意思をすでに表明しています。それに加えて、人生の最終段階を迎えた時に備え、私の思いや具体的な医療に対する要望をこの文書にしました。自分らしい最期を生きるための「私の希望」です。

記入日　　　年　　　月　　　日　　本人署名＿＿＿＿＿＿＿＿＿＿＿＿＿＿

希望する項目にチェックを入れました。

1. **最期を過ごしたい場所**（一つだけ印をつけてください）
　□自宅　　□病院　　□介護施設　　□分からない
　□その他（　　　　　　　　　　　　　　　　　　　　　　　）

2. **私が大切にしたいこと**（複数に印をつけても構いません）
　□できる限り自立した生活をすること　　□大切な人との時間を十分に持つこと
　□弱った姿を他人に見せたくない　　　　□食事や排泄が自力でできること
　□静かな環境で過ごすこと　　　　　　　□回復の可能性があるならばあらゆる措置を受けたい
　□その他（　　　　　　　　　　　　　　　　　　　　　　　　　　　）

※以下「3」と「4」は、署名者が「ただ単に死期を引き延ばすためだけの延命措置はお断りします」という表現では伝えきれない希望や、「止めてほしい延命措置」の具体的な中身を明確にするためのものです。

3. **自分で食べることができなくなり、医師より回復不能と判断された時の栄養手段で希望すること**（複数に印をつけても迷うときはつけなくてもよいです。）
　□経鼻チューブ栄養　□中心静脈栄養　□胃ろう　　□点滴による水分補給
　□口から入るものを食べる分だけ食べさせてもらう

4. **医師が回復不能と判断した時、私がして欲しくないこと**
　（複数に印をつけても結構ですし、迷うときはつけなくても結構です。）
　□心肺蘇生　□人工呼吸器　　□気管切開　□人工透析　□酸素吸入
　□輸血　　　□昇圧剤や強心剤　□抗生物質　□抗がん剤　□点滴

5. **その他の希望**
　┌─────────────────────────────────┐
　│　　　　　　　　　　　　　　　　　　　　　　　　　　　　│
　│　　　　　　　　　　　　　　　　　　　　　　　　　　　　│
　└─────────────────────────────────┘

【用語の説明】
＊心肺蘇生：心臓マッサージ、気管挿管（口や鼻から気管に管を入れる）、電気的除細動、人工呼吸器の装着、昇圧剤の投与などの医療行為。
＊人工呼吸器：自力で十分な呼吸ができない状態の時に、肺に機械ポンプで空気や酸素を送り込む機器。マスク装着のみで行う場合もあるが、重症の際はチューブを口や鼻から入れる気管挿管を行う。1～2週間以上続ける場合は、のどに穴を開ける気管切開（喉仏の下から直接気管に管を入れる）をしてチューブを入れる。
＊胃ろうによる栄養補給：内視鏡を使い、局所麻酔で胃に管を通す手術を行う。その管を通して栄養を胃に直接注入すること。

（出典）公益財団法人 日本尊厳死協会

② 誰に託しておくのか

　せっかく書き上げた医療に関する意思表示の書面を、自分の家のたんすの引出しにしまい込んでいたら……最悪のことには「大事な書類だから」といって、銀行の貸金庫にしまい込んでいたら……せっかく

のあなたの意思は、残念ながら実現することはありません。

　あなたが病院に運ばれたときに、あなたに意識がない状況であっても必ず連絡がいく相手に、あなたの意思を記した書面を、預けておかなければならないのです。

　あなたの甥っ子さんや姪っ子さんが、そのような重大な任務をお願いしても快く引き受けてくれるような近い間柄であれば、ぜひともあなたの思いを託しておいてください。

　ただし、その場合には、医療に関する意思表示だけではなく、その後のあなたの「エンディング期」に想定されるすべての事象（転院や老人ホーム等への入居、認知症になったときのこと、死後の事務のこと）にわたって、その甥っ子さんや姪っ子さんが、あなたのキーパーソンとして立ち回らなければならなくなるのだということも、しっかり説明しておかなければなりません。

　託されるほうの甥や姪にしてみたら、医療に関する意思表示の書類を預かっておくくらいはできるけど、仕事もあるし、子育て中だし、自分の両親・配偶者の両親と合計4人の高齢者の面倒を見なければならず、申し訳ないけれどさらに叔母さんのことまでお世話ができる自信がない……などという事情も、十二分に理解できるところです。まさに少子高齢化の行きつく先です。

　あなたご自身も、甥や姪のそういった事情に思いを馳せれば、そこまでの迷惑をかけるわけにはいかない、という気持ちになるのではないでしょうか。

　しかし、「自分のエンディング期を託せる親族がいない」ということで、あなたはご自身を不幸だとは決して思わないでください。あなたの歩んでこられた人生に自信を持って、「エンディング期」に立ち向かってください。

　今はもう、頼れる家族がいないことは決して珍しいことでも可哀そうなことでもなく、誰もに起こり得る当たり前のことなのです。

2 人生会議のすすめ

「エンディング期」に向けた医療に関する意思表示については、厚生労働省が「ACP（アドバンス・ケア・プランニング、愛称『人生会議』）」という形で普及・啓発しています。この考え方について、経緯とともに詳しく見ていきましょう。

平成18年3月に富山県射水市における人工呼吸器取り外し事件が報道されたことを契機として、厚生労働省が平成19年「終末期医療の決定プロセスに関するガイドライン」（平成27年に「人生の最終段階における医療の決定プロセスに関するガイドライン」に名称変更）を策定しました。

これは、人生の最終段階における医療の在り方に関し、①医師等の医療従事者から適切な情報提供と説明がなされ、それに基づいて患者が医療従事者と話し合いを行ったうえで、患者本人による決定を基本とすること、②人生の最終段階における医療およびケアの方針を決定する際には、医師の独断ではなく、医療・ケアチームによって慎重に判断すること、などが盛り込まれていました。

その後、イギリスやアメリカを中心として研究や取組みが普及しつつあった「人生の最終段階の医療・ケアについて、本人が家族等や医療・ケアチームと事前に繰り返し話し合うプロセス」（＝ACP）が、高齢多死社会を迎えた日本でも重要であるとの認識が生まれ、平成30年にガイドラインの改訂が行われました。

この平成30年の改訂は、「エンディング期」に頼れる家族がいない人たちにとって、画期的な内容となりました。

(1)医療・ケアチームの対象には、医療従事者だけではなく介護従事者が含まれることが明確化されました。

(2)心身の状態の変化等に応じて、本人の意思は変化し得るものであり、医療・ケアの方針や、どのような生き方を望むか等を、日頃から繰り返し話し合うこと（＝ACPの取組み）の重要性を強調しました。

(3)本人が自らの意思を伝えられない状態になる前に、本人の意思を推定する者について、家族等の信頼できる者を前もって定めておくことの重要性が記載されました、

(4)今後、単身世帯が増えることを踏まえ、(3)の信頼できる者の対象を、家族から家族「等」に拡大しました、

(5)繰り返し話し合った内容をそのつど文書にまとめておき、本人・家族等と医療・ケアチームで共有することの重要性について記載されました。

このときに、厚生労働省が作成したリーフレットに書かれた文言は、以下のようなものでした。

「誰でも、いつでも、命にかかわる大きな病気やケガをする可能性があります。命の危険が迫った状態になると、約70％の方が、医療やケアなどを自分で決めたり望みを人に伝えたりすることができなくなると言われています。自らが希望する医療やケアを受けるために大切にしていることや望んでいること、

第1部　家族に頼らない「エンディング期」への心構え

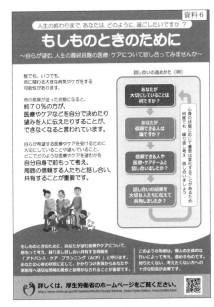

厚生労働省ホームページより

どこでどのような医療やケアを望むかを自分自身で前もって考え、周囲の信頼する人たちと話し合い、共有することが重要です。」

繰り返しになりますが、

> (1)自分の意思が伝えられない「エンディング期」になる前の「自立期」に、医療についての考え方を書面にしておくこと
> (2)その書面を信頼できる誰かに託しておくこと
> (3)その書面に書かれたことは、一度書き上げたら終わりではなく、継続的に医療やケアのチームで見直しを行いアップデートしていくこと

という3点が重要です。

あなたも「ACP」の考え方を取り入れて、ご自分の人生の幕引きを、他人任せにせずに自分事として、ぜひとも正面から向き合ってみましょう。

〔事例〕
....

70歳で最愛の妻に先立たれ、子どももいなかった男性が、ご自身で終の住み処となる老人ホームについて調査研究を重ね、まだしっかりしていた72歳のときに、自立期から入居できる老人ホームに入居しました。

彼はその時点で、将来の医療の希望についての意思表示書を用意していたので、上記の(1)と(2)は達成していましたが、(3)の継続的な見直しとアップデートが行われていませんでした。

80歳を過ぎて、お身体の全身状態が急激に悪くなってしまい、当初入院した急性期病院から療養型病院に転院しました。

彼はもう意識もほとんどない状態で、担当医師からは、この病院でできる医療は、鼻に挿入した管から栄養液を入れるか、胃に開けた穴から物理的に栄養を注入するか、どちらかの方法による栄養補給しか

ないということでした。

彼が元気なときに書いていた意思表示書を見てみると、口から栄養が採れなくなったときには、「胃に穴を開けたり、鼻から管を入れたりしてまで栄養補給をしてほしくない」「自然の成り行きに任せる」という希望でした。

しかしその一方で、最後の療養場所の希望については、「自宅または老人ホーム等の居室で過ごしたい」と書いてありました。

彼の入居していた老人ホームで、次に説明する看取り介護が導入されていれば、彼の希望通り、胃ろうなどしない自然のままで、彼の選んだ老人ホームで最期を看取ってもらうことができたはずです。しかし残念ながら、その老人ホームが彼を受け入れるには、退院して居室療養するのならば、胃ろうによる栄養摂取ができることが条件だったのです。

「胃ろうをしたくない」と「最期は自分の選んだ老人ホームの居室で」という彼の希望は、残念なことに矛盾する希望になってしまったのです。

どの選択が彼にとって正解だったのかは永久にわからないのですが、このときに私は、やはり医療に関する意思表示は、**継続的な見直しとアップデートが必須**であり、状態が少しずつ悪くなってきているときにでも、生と死に正面から向き合って自分の意思を表明していただくことが大切だと悟ったのです。

看取り介護とは

この項目の最後に、看取り介護について考えてみましょう。

人間が自然な死を迎えるための自然なアプローチを、高齢者施設や訪問診療・訪問看護・訪問介護など介護保険で支えていくという取組みが徐々に浸透しつつあり、これを「看取り」と呼んでいます。

具体的には、次のような状態になったときに医師により看取りの診

断がされます。

> (1)認知症：認知症が進み、食べることや飲むことが難しくなった
>   とき
> (2)慢性疾患：脳梗塞・脳出血・腎不全・心不全等の疾病がゆっく
>   りあるいは急に悪くなったとき
> (3)急病：何らかの原因で急に状態が悪くなり、食べること、飲む
>   ことができなくなったとき
> (4)老衰：年齢的に身体機能が低下して、食べること、飲むことが
>   できなくなったとき。

　そんなときに、無理に食べさせたり、管を使って栄養を摂取させたりすることなく、自然の成り行きにまかせて見守っていくと、人間は苦しむことなく自然に眠るように息を引き取ることができます。

　しかし、老衰の状態になった人が、すべて看取り介護に移行するわけではありません。そのときになって、家族「等」が、衰弱した本人に代わって、看取り介護の契約をしなければなりません。

　あなたの看取り介護への希望を熟知した家族がいない場合は、「老衰のときは、看取りを望みます」という意思表示を書面に残し、信頼できる人に託しておくことが必要です。

　なお、意思表示書のほか、臓器提供に関する意思表示を、マイナンバーカードや健康保険証などに記載することができます。

> ●臓器提供意思
> 1　私は、脳死後及び心肺停止した死後のいずれでも、移植のための臓器を提供します。
> 2　私は、心肺停止した死後に限り、移植のために臓器を提供します。
> 3　私は、臓器を提供しません。
> ≪1、2を選んだ方で、提供したくない臓器があれば×をつけて下さい≫
> 【心臓・肺・肝臓・腎臓・膵臓・小腸・眼球】
>
> | 特記事項： | ＜自筆署名＞ |
> | | ＜署名年月日＞　　年　月　日 |

3 住まいを決める

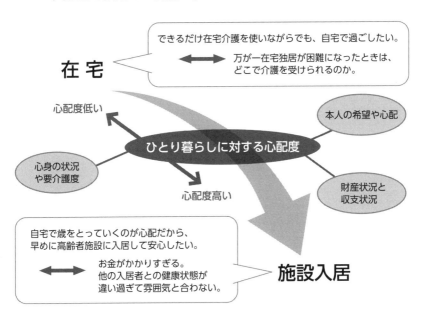

1 誰にとっても百点満点の住まいはない

　下の図は、お年寄りが心身の衰えを感じ始めたときに、誰もが一度は考える「在宅」なのか「施設入居」なのか、という心の揺れ動きを示しています。

▶住まいと介護のこと
　……人生どの段階でも満点の住まいはない

在 宅

できるだけ在宅介護を使いながらでも、自宅で過ごしたい。
⟷ 万が一在宅独居が困難になったときは、どこで介護を受けられるのか。

心配度低い

本人の希望や心配

ひとり暮らしに対する心配度

心身の状況
や要介護度

財産状況と
収支状況

心配度高い

自宅で歳をとっていくのが心配だから、早めに高齢者施設に入居して安心したい。
⟷ お金がかかりすぎる。他の入居者との健康状態が違い過ぎて雰囲気と合わない。

施設入居

揺れ動く心の一番大きな要因は、「ひとり暮らしに対する心配度」であり、これはその人の生まれ持った性質や環境、考え方によって千差万別です。集団生活に抵抗がありひとり暮らしに自信のある人は「在宅」を志向する一方で、心配性の人は早めの「施設入居」を望みます。

　加えて、その時の心身の状況や要介護度、財産状況などの要因が絡み合って、老齢期の住まいの選定をしていくことになることでしょう。

　「自立期」にいる今から「エンディング期」にかけて、あなたがどんな状態になっても百点満点だと言えるような住まいは、存在しません。

　高齢者用の住まいには、自立型の高齢者マンション、住宅型有料老人ホーム、介護付有料老人ホーム、サービス付高齢者住宅、ケアハウス、グループホーム、特別養護老人ホームなど、多種多様なものがあり、それぞれにかかる費用は大きく異なりますし、対象にしている要介護度にも違いがあります。

　このため、最初から最後まであなたがどんな状況になっても百点満点だと思えるような住まいはありませんので、**百点満点ではなくても「あなたにとっての最善の選択肢」**を探しておくという意識が必要です。

〔事例〕

....

　主に自立期の方から軽い介護が必要な方が入居しているサービス付高齢者住宅に入居していた80歳代の女性が、徐々に認知症が進行してきていた事例です。

　そこでは、他の入居者はまだお元気な方が多く、併設の居宅介護事業所にも夜間にはヘルパーがいない状況であったところ、その女性は夕方になると、全裸になって廊下を歩きまわっているというのです。脱いだ洋服は、居室内の冷蔵庫に押し込んでいたそうです。

　そうなると、理論的には「併設の居宅介護事業所を使いながら、要介護5の人も過ごせます」と掲げているサービス付高齢者住宅であっても、他の入居者の方に迷惑をかけてしまっているとなれば、退去を視野に入れなければならなくなります。

　この方は結局、その時点では「要介護1」だったのですが、要介護認定の区分変更という手続をして「要介護3」となり、同時に後見人をつける手続をして、特別養護老人ホームに転居することとなりました。

....

　この例では、「自立期」～「エンディング期」に差しかかった状況にいるときには女性にとって居心地のよかったこの住まいが、認知症が進んでしまうことによって女性に適さない住まいになってしまいました。そして、そのときすでにこの女性は、「住み替える」という判断をすることができなくなっていたのです。

　これは、このサービス付高齢者住宅が悪かったのではありません。どんな住まいであっても、このように一長一短があるのです。

　高齢者用の住まいの種類を理解し、それぞれの価格帯や得意とする介護状態などを理解したうえで、それぞれのメリットデメリットを考察し、あなた自身に置き換えていろいろなケースをシミュレーションしてみることをおすすめします。

　そこで浮かび上がってくる重要な点は、「自立期」にいる間は、入居した施設に不満があったときに自分自身で転居を考えることもできますし、自宅から施設に新たに入居することもできる一方で、あなたが「エンディング期」に突入してしまった後は、自分自身ではどうにもできなくなってしまい、あなた自身以外の「誰か」の支援が必要になるということです。

　それが、あなたの意思決定を支援してくれる人、そしてあなたの尊厳を託された人であり、施設入居の際には「身元保証人（身元引受保

証人)」となる人です。「身元保証人（身元引受保証人）」については、71ページ以降で詳しくご説明しています。

2 高齢者住宅の種類と特徴

▶エンディング期に向けた住まいの位置づけ

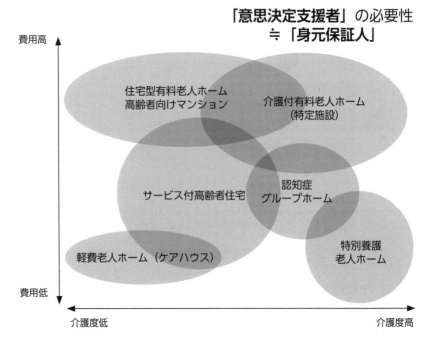

「意思決定支援者」の必要性
≒「身元保証人」

費用高

住宅型有料老人ホーム
高齢者向けマンション

介護付有料老人ホーム
（特定施設）

サービス付高齢者住宅

認知症
グループホーム

軽費老人ホーム（ケアハウス）

特別養護
老人ホーム

費用低

介護度低　　　　　　　　　　　　　　　　　　　介護度高

　「誰にとっても百点満点の住まいはない」と申し上げたところで、ここではエンディング期に向けたいろいろな種類の住まいについて、簡単にその種類と特徴を見ていきましょう。
　上図では、横軸が右に行くほど要介護度の高い人、左に行くほど自立に近い人に適した施設、縦軸については上に行くほど費用は高く、下に行くほど費用は安く済む施設を表しています。

▲高齢者の住まいの種類と特徴

	運営	対象者	費用	入居時費用	月額費用	住み替え	その他
軽費老人ホーム（ケアハウス）	福祉施設	自立～要支援	安い	20万円～30万円	7万円～15万円	常時介護が必要なとき	収入により利用料が決まる。
サービス付高齢者住宅	民間事業者による、登録制賃貸住宅	自立～要介護	比較的安い	30万円～80万円	12万円～25万円	重度の認知症・寝たきりの場合	安否確認や生活支援サービスが付随した賃貸住宅。入居時要支援・要介護のところも多い。
認知症グループホーム	介護保険の地域密着型サービス	要介護で状態の安定した認知症の人	比較的安い	30万円～60万円	15万円～20万円	状態が悪化したとき	住民票のある住民のみ入居可能。
特別養護老人ホーム	介護保険施設	要介護3以上	比較的安い	0円	多床型：6万円～8万円 ユニット型：10万円～18万円	看取りまで可能なことが多い。	収入と資産により、負担限度額認定を受けられる。
高齢者向けマンション	民間事業者による、賃貸または分譲住宅	入居時自立	非常に高い	賃：1千万円～分譲：2千万円～（上限なし）	10万円～18万円（介護棟は20万円～25万円）	常時介護が必要なとき	常時介護が必要になると、同施設内の介護や系列の介護付施設に移ることができるケースも多い。
住宅型有料老人ホーム	民間事業者が都道府県知事へ届出	自立～要介護	高いところが多い	数十万円～数千万円	15万円～60万円（さらに高額のところもある）	常時介護が必要になると、住み替えいることもある	「入居時自立」「入居時要支援・要介護」など条件があることが多い。常時介護が必要がかなり高額になる。
介護付有料老人ホーム（特定施設）	民間事業者が都道府県知事へ届出	要支援～	高いところが多い	数十万円～数千万円	15万円～80万円（さらに高額のところもある）	看取りまで可能なことが多い	自立の人が入居できる場合は、高額な追加費用がかかることが多い。介護度が高い入居者が多い。

3 老人ホーム入居のタイミング

「老人ホームにはいつ入ったらよいのですか?」という質問をよく受けることがあります。

この質問には、残念ながら模範解答も正解もありません。あなたの「ひとり暮らしに対する心配度」という軸に、「財産や資金繰りの状況」「心身の状況や要介護度」「本人の希望」という要因を加えて、総合的に判断していくものだとお答えしています。

ひとり暮らしに対する心配度

まず、あなたの「ひとり暮らしに対する心配度」はどのくらいでしょうか。今すでにひとり暮らしをしている方も、今は夫婦ふたりで暮らしているけれどパートナーに先立たれたときはひとり暮らしになってしまうという方も、あなたが「エンディング期」に突入することを想定して、そのときにひとり暮らしをつづけていくことに対してどのくらい心配になるかを、考えてみていただきたいのです。

「認知症になってご近所に迷惑をかけたくない」「自宅で急に死んでしまって孤独死となることだけは避けたい」「急に具合が悪くなったときにどうしたらよいのかわからず、心配でたまらない」など、心配事が次々と出てくる方は、「エンディング期」を在宅で過ごすことへのデメリットを強く感じる方ですので、「自立期」にいる今のうちから、高齢者施設等の勉強を始めておいたほうがよいでしょう。

財産や資金繰りの状況

そのうえで、あなたの財産状況が許すのであれば、元気なときから入居できる高齢者マンションや住宅型有料老人ホームなどに早めに入居するのも、有効な選択肢の一つです。

こうした施設は、元気なときには「自立型」の居室で過ごし、常時介護が必要になったときは「介護型」居室に移動できるという仕組みになっているところも多く、将来の「エンディング期」への安心材料

▶老人ホームへの入居へ向けて

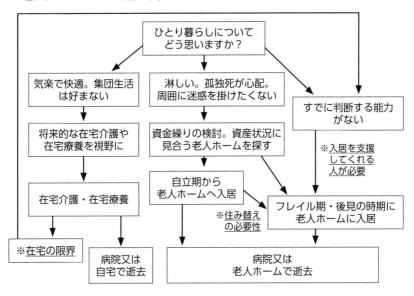

ですが、入居時にかなり高額の入居一時金を支払うことになります。

　あなたの財産状況や収支状況から考えると、ひとり暮らしへの心配は強いが、それほど高額な費用は支払えないという場合には、比較的元気なときから入居できる「サービス付高齢者住宅」が選択肢となりますが、将来、介護度が重くなったときの介護体制に心配が残るところもありますので、よくよく検討が必要です。

　このように、あなたがお元気なうちに、ひとり暮らしをつづけていく不安を払拭しようと早めに施設入居をすすめる場合には、いろいろな候補の老人ホーム等を見学して比較検討し、納得して入居できるという大きなメリットあります。

　その一方で、当然お金がかかりすぎるというデメリットや、他の入居者との身体的状況が違いすぎるとか、集団生活に馴染めないとか、「早く入りすぎたかもしれない」という後悔をされる方もいますので、あなた自身のタイミングをよく見計らってください。

そして、早めに「エンディング期」に備えて高齢者施設等に入居したからと言って、その施設が必ずあなたの終の住み処になるとは限らないのが現実です。

本人の希望

他方、ひとり暮らしへの心配は多少なりともあったとしても、あなたがあまり集団生活を好まず、できる限り住み慣れた今の自宅で生涯過ごしたいという気持ちが強かったとしたら、在宅で「エンディング期」を迎える準備をすすめておくことをおすすめします。

具体的には、あなたの住んでいる地区の「地域包括支援センター」を訪ねて行ってみてください。そして、ご自分が今すでにひとり暮らしであること、もしくは同居しているパートナーとともに訪ねて行き、そのパートナーが先に亡くなったらひとり暮らしになってしまうことを伝え、あなたが家族に頼らずに「エンディング期」を迎えると決めていること、家族の代わりにあなたの「エンディング期」の支援を依頼している、つまりあなたの尊厳を託している人や団体の存在とその連絡先を伝えておくべきでしょう。

そうしておけば、もしあなたが実際に「エンディング期」に足を踏み入れてしまったとき、介護保険によるサービスと、あなたの尊厳を託されており、あなたの自己決定を支援する人や団体とが、スムーズに連携していくことが可能になるのです。

心身の状況や要介護度

ただ、あなたができる限り在宅での生活をつづけることを望んでいたとしても、同居して支援してくれる家族がいない場合には、そこには限界があります。

ほぼすべての生活において介護や介助が必要な状況となったとき、それをすべて外部のヘルパー等でカバーしようとすれば、莫大な費用もかかることがほとんどです（障害福祉サービスの重度訪問介護等は除く）。

そのときにはすでにあなたは自分で判断することは難しくなっている可能性が高いので、家族に頼らないとすれば、後見人等の支援を受けながら、あなたの意思を尊重しつつもあなたが適切な介護を受けられる環境整備をしてもらわなければなりません。

このように、あなたの終の住み処というものは、不確定要素がいっぱいです。あなたが高齢者施設等へ入居する最適なタイミングは、今、わかることではありません。

現時点であなたにできることは、あなたが少しでも安心して「エンディング期」を迎えられるように、あなたの思いや希望を書面にしておくことと、それにできるだけ近い生活を実現するための支援、あなたの尊厳を守ってもらえるための支援をしてもらえるような備えをしておくことです。

4 自宅の処分のタイミング

老人ホームなど高齢者施設への入居を決断するとき、今、住んでいる自宅が持ち家だった場合には、その自宅を売却するのかしないのか、売却するのならいつするのかということも、大きな悩みの種になるでしょう。

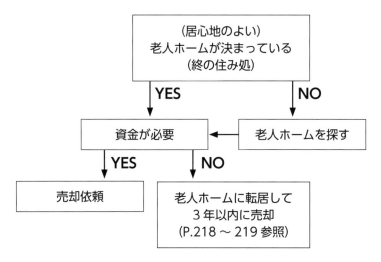

これまで住んでいた家を売却することが前提で、その売却によって得られる資金を住み替え資金に充てる算段であれば、売却に対する迷いはないかも知れません。しかし、そうでなければ、一生で一番高価で大きな買い物であったはずの家を手放すのですから、そう簡単には決められないでしょう。

長年住んでいた家を売却するのかしないのかを決めるには、まず、資金計画が一番重要になります。

⑴あなたが入居を考えている高齢者施設等は、入居時に支払う一時金はいくらか、それは現在の預貯金など金融資産で賄える金額か。

⑵施設に定期的に支払う金額と年金収入を比べてみて、赤字だとしたら年間でいくら赤字になるか。

⑶そこにその他の生活費や余暇費、医療費などを加えて、おおまかな年間赤字額を算出してみましょう。

　もし長年住み慣れた家を手放したくないのであれば、固定資産税、マンションであれば管理費・修繕積立金などの維持管理費がさらにプラスされることになります。

　こうして算出された総赤字額を、入居一時金や引っ越し費用支払い後の金融資産残高と比べてみるのです。そうすると、預貯金を切り崩しながら、あと何年持ちこたえられるかが計算できます。

　では、資金繰りをよくするために、一刻も早く売ってしまったほうがよいかといえば、そうとも限りません。まず、施設探しや実際の入居契約とほぼ同時期に不動産の売却を進めるということは、老齢期に差し掛かっているはずのあなたにとって、体力的にも精神的にも大変な負担がかかります。

　また、入居した高齢者施設等が必ずしもあなたにとって居心地のよいところになるのかどうかわからず、嫌だったら自宅に戻ろうという選択肢を残しておきたいという方もいらっしゃいます。

有料老人ホームの「90日ルール」

　実際、有料老人ホームでは「90日ルール」と呼ばれる短期解約特例制度が適用され、「90日以内に施設から退去する場合には、経費を除き全額返還する」ということが法制化されています。いわば、有料老人ホームのクーリングオフ制度といってよいものです。

　ところが、せっかくこの「90日ルール」を使って、残念ながら住んでみたら自分には合わなかったと有料老人ホームを退去しても、すでに住み慣れた家を売却してしまっていて、戻る家がない、次の老人

ホームを探さなければ……ということもあり得るのです。

　一方で、いつまでも空き家になった家を放置しておくのも、得策とは言えません。不動産の価値は、年数が経てば経つほど低下していきますし、空き家にしている期間が長いと、より劣化が進みます。

　高齢者施設等での生活に徐々に慣れてきて、ホームシックにもかからなくなってきて、この施設を終の住み処とする自信がついてきたときに、売却をするというタイミングもひとつの有効な選択肢でしょう。

　そんな方のために、税金の特例措置も3年間という猶予を認めています。詳しくは、218〜219ページをご参照ください。

　何事もよい塩梅というものが必要です。焦って急いで売却に走る必要もないし、かといって空き家のまま死ぬまで放置するのも望ましくない。あなた自身の終の住み処探しが安定したところで、これまでの思い出にケリをつけるという方法はいかがでしょうか。

5 荷物のトリアージ

　高齢者施設等への入居のタイミングを迷っている人の悩みとして、「今まで長年住んできた自宅の荷物が片付けられない、どうやって片付けてよいのかわからない」ということを聞くことがあります。

　家の荷物の片付けに目途が立たない限り住み替えは考えられないと、思考がストップしてしまう方も多いかもしれません。

　これまで住んでいた賃貸住宅を解約するか、もしくは所有していたマンションや戸建て住宅を売却して高齢者住宅に住み替えるときは、**今までの自宅にあった荷物の中から、新しい生活に必要な荷物を選別し、それ以外の荷物は処分する**ということを行わなければなりません。

　高齢者住宅への住み替えを考えようとしている方は、長年住み慣れた自宅よりも居住面積が狭くなるでしょうから、同時にご自身の身の回りにあふれている荷物についても、少しずつ考え始めてください。

断捨離の得意な人、苦手な人

　年齢を重ねていくと、これまでの性質がより強調される傾向があります。キレイ好きで整理整頓が得意な方はよりその傾向が強くなり、せっせと断捨離に励んでいくようです。

　一方で、もともと片付けが苦手だった人は、歳を取ってくるとますます物が捨てられない、片付けられない、面倒くさいという傾向に拍車がかかり、ゴミ屋敷予備軍の仲間入りをしてしまうのです。

　お年寄り向けの終活セミナーでは、「生前整理」「断捨離」といった内容もよくありますが、そもそもそういったセミナー講師の方は整理整頓が得意な方ですから、頑張ろうとしても片付けられない人がどうしたらよいのか……という解決にはなりにくいものです。

もしあなたが、整理整頓が得意な方であれば、そうした断捨離セミナーなどの有益な情報をフル活用して、あなたが「自立期」にいるうちに、身の回りの整理整頓を進めていってください。

　一方であなたが、片付けられないタイプの方であれば、ストレスになるほど「断捨離をしなければ」という呪縛にとらわれないでください。

　そういう方には、まず「捨てたくなければ、捨てなくてもいいですよ」とお伝えします。すると、「捨てなくてもいいのですか？」と目を輝かせて喜ばれます。家がキレイになってスッキリすることへの憧れはあるのですが、目の前のモノを捨てなければ……と思うと、どうしても名残惜しくなってしまうのですね。

　ただし、「荷物のトリアージ」をしておくことはおすすめします。「トリアージ」というのは本来、災害直後の救急医療現場などで、傷病者の緊急度に応じて治療や搬送の優先順位を決めることを言い、その緊急度の段階を色分けして、目立つように傷病者にリストバンドをつけたりするのです。「トリアージ」という言葉の一般的な意味は、重要で最初に扱うべきものを選別することです。

　その「トリアージ」を、あなたのたくさんの荷物整理に応用してみてはいかがでしょうか。①預貯金通帳や生命保険証書などの貴重品、②決めている誰かに引き継いでほしいもの（アクセサリー、時計などの貴金属、絵画、骨とう品、高額な家具など）、③誰にとまでは決

めていないけれど、捨ててしまうには惜しいのでリサイクルしてほしいもの（貴重な書籍、楽譜、趣味のカメラ、楽器など）、④自分が死んだら捨ててもよいけれど、生きている間は持っていたいもの……というくらいまでは、決めてみてはいかがでしょうか。

そして、①は赤、②は黄色、③は緑、④は白などとカラーを決めて、その色のビニールテープなどを短くカットして貼り付けてみてください。そうすればおのずと、テープを貼っていないものは、いつかは捨ててもよいものだと自覚していけるはずです。

今すぐでなくても、いつでも捨てられると思えるだけで、気持ちが少し軽くなるでしょう。実際に高齢者施設等への住み替えの時期になったときには、テープを貼っていない荷物を捨てて来ればよいのです。

6 財産目録と 収支予定表作成のすすめ

認知症が進んでしまい家庭裁判所からあなたの後見人等が選ばれたとき、また亡くなった後に遺言執行者があなたの残した遺言の内容を実現する手続をしようとしたとき、あなたの財産についての情報が何もなかったとしたら、後見人や遺言執行者は、あなたの財産を特定するために大変な労力を費やすことになります。

場合によっては、探し出せずに漏れてしまう財産なども出てきてしまうかもしれません。

インターネット主流時代への対応

これまでは、銀行口座はみな通帳が発行されていたので、あなたの荷物を少し探せば、あなたの財産を特定することはそんなに難しいことではありませんでした。

しかし近年、ネット口座など通帳が発行されない銀行口座も増えてきているほか、大手銀行でも今後作成される新規口座には通帳作成手数料を徴収するなど、紙ベースの通帳を発行しなくなる動きが活発化しています。

投資信託などの有価証券に関する情報も、これまでは定期的な残高報告書などの郵便物で確認ができましたが、近年は、ペーパーレスを推進し、インターネット上において自分自身で見たい時に確認する方法が推奨されています。クレジットカードの明細書や携帯電話の明細書も同様です。

今後ますますあなたの財産に関する情報は、あなたのパソコンかスマートホンの中でしか確認できないというのがスタンダードになっていくでしょう。

　だとしたら、どうやってあなたの意識がなくなったときや、亡くなったときに、あなたのスマートホンの中にある財産の情報を知ることができるのでしょう。

　まさか、亡くなって棺の中にいらっしゃるあなたの冷たい手を取って、あなたの使っていたスマートホンをあなたの指紋認証で開錠するとでもいうのでしょうか。

　もちろん、そんなことはできるはずはありません。そのためにも、あなたがお元気な「自立期」にいるうちに、一通りの財産目録と収支予定表を作成しておくことをおすすめします。

　財産目録は、まず不動産の部、預貯金の部、有価証券の部、保険の部、負債の部というように大項目に分類した後、それぞれの詳細を記入してください。

　情報流出のリスクが怖いということであれば、細かい口座番号や暗証番号、ネット口座であればログインパスワードまでは書く必要はありません。この金融機関と取引があるのだという事実がわかればよいのです。

　後見人等や遺言執行者は、その権限が付与された時点で、あなたの口座番号やパスワードがわからなくても、権限を証明することで金融機関から情報開示を受けることができるのです。

　収支予定表については、詳細なものではなくざっくりした内容で結構です。収入の部には、年金受給者の方は年金収入、賃貸用のアパート経営などをしている方は家賃収入、お仕事をされている方は給与収入などを、支出の部には、支払家賃、マンション管理費、老人ホーム利用料、固定資産税、所得税、住民税、健康保険料、介護保険料、公共料金概算、その他生活費概算などを、それぞれ年額に換算して書いてみてください。収入と支出の差額で、あなたの大まかな資金繰りがわかります。

▶財産目録と収支予定表のフォーマット

（家庭裁判所のホームページより）

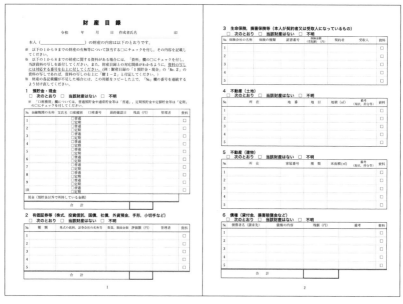

収　支　予　定　表

令和　　年　　月　　日　　作成者氏名　　　　　　　　㊞

※ 以下の収支について記載し、資料がある場合には、「資料」欄の□にチェックを付し、当該資料の写しを添付してください。また、収支予定表との対応関係がわかるように、資料の写しには対応する番号を右上に付記してください。(例：収支予定表の「1本人の定期的な収入」のNo.2「国民年金」の資料の写しであれば、資料の写しの右上に「収1-2」と付記してください。)
※ 収支の各記載欄が不足した場合には、この用紙をコピーした上で、「No.」の番号を連続するよう付け直してください。

1 本人の定期的な収入

No.	名称・支給者等	月　額(円)	入金先口座・頻度等	資料
1	厚生年金		□財産目録預貯金No.　　　の口座に振り込み	□
2	国民年金		□財産目録預貯金No.　　　の口座に振り込み	□
3	その他の年金(　　)		□財産目録預貯金No.　　　の口座に振り込み	□
4	生活保護等		□財産目録預貯金No.　　　の口座に振り込み	□
5	給与・役員報酬等		□財産目録預貯金No.　　　の口座に振り込み	□
6	賃料収入 家賃, 地代等)		□財産目録預貯金No.　　　の口座に振り込み	□
7				□
8				□
9				□
10				□
	収入の合計 月額) =	円	年額 月額×12か月) =	円

2 本人の定期的な支出

No.	品　目	月　額(円)	引落口座・頻度・支払方法等	資料
1	食費・日用品		□財産目録預貯金No.　　　の口座から引き落とし	□
2	電気, ガス, 水道代等		□財産目録預貯金No.　　　の口座から自動引き落とし	□
3	生活費 通信費		□財産目録預貯金No.　　　の口座から自動引き落とし	□
4			□財産目録預貯金No.　　　の口座から自動引き落とし	□
5			□財産目録預貯金No.　　　の口座から自動引き落とし	□
6	施設費		□財産目録預貯金No.　　　の口座から引き落とし	□
7	療養費 入院費 医療費 薬代		□財産目録預貯金No.　　　の口座から自動引き落とし	□
8			□財産目録預貯金No.　　　の口座から自動引き落とし	□
9			□財産目録預貯金No.　　　の口座から自動引き落とし	□
10			□財産目録預貯金No.　　　の口座から自動引き落とし	□

1

No.		品目	月　額(円)	引落口座・頻度・支払方法等	資料
11	住居費	家賃		□財産目録預貯金No.　　の口座から自動引き落とし	□
12		地代		□財産目録預貯金No.　　の口座から自動引き落とし	□
13				□財産目録預貯金No.　　の口座から自動引き落とし	□
14				□財産目録預貯金No.　　の口座から自動引き落とし	□
15				□財産目録預貯金No.　　の口座から自動引き落とし	□
16	税金	固定資産税		□財産目録預貯金No.　　の口座から自動引き落とし	□
17		所得税		□財産目録預貯金No.　　の口座から自動引き落とし	□
18		住民税		□財産目録預貯金No.　　の口座から自動引き落とし	□
19				□財産目録預貯金No.　　の口座から自動引き落とし	□
20				□財産目録預貯金No.　　の口座から自動引き落とし	□
21	保険料	国民健康保険料		□財産目録預貯金No.　　の口座から自動引き落とし	□
22		介護保険料		□財産目録預貯金No.　　の口座から自動引き落とし	□
23		生命 損害)保険料		□財産目録預貯金No.　　の口座から自動引き落とし	□
24				□財産目録預貯金No.　　の口座から自動引き落とし	□
25				□財産目録預貯金No.　　の口座から自動引き落とし	□
26	その他	負債の返済		□財産目録預貯金No.　　の口座から自動引き落とし	□
27		こづかい		□財産目録預貯金No.　　の口座から自動引き落とし	□
28				□財産目録預貯金No.　　の口座から自動引き落とし	□
29				□財産目録預貯金No.　　の口座から自動引き落とし	□
30				□財産目録預貯金No.　　の口座から自動引き落とし	□
31				□財産目録預貯金No.　　の口座から自動引き落とし	□
32				□財産目録預貯金No.　　の口座から自動引き落とし	□
33				□財産目録預貯金No.　　の口座から自動引き落とし	□
	支出の合計 月額) =		円	年額 月額×12か月) =	円

月額 収入の合計) − 支出の合計) = + −	円
年額 収入の合計) − 支出の合計) = + −	円

2

　このようにしてでき上がったあなたの現時点での財産目録と収支予定表は、厳重に封をしても構いませんので、ぜひ自分の部屋にしまい込んだり銀行の貸金庫にしまったりせずに、「エンディング期」のあなたの尊厳を託そうとする人や団体に預けておいてください。

　そしてくれぐれも、完璧な財産目録や収支予定表を作ろうなどと思ったりせず、気楽にわかる範囲で作ってみてください。完璧なものを作ろうとすると、結局のところ、面倒になって途中で挫折してしまったり、作成途中で「エンディング期」に突入してしまったりしがちです。完璧さを求めるよりも、「エンディング期」にあなたを支援する人に、手掛かりを残してあげることのほうが重要です。

　何度も繰り返して申し上げますが、あなたは今、「自立期」にいるけれど、いつの時点で「エンディング期」に足を踏み入れてしまうのかは、誰にもわからないのです。手遅れになる前に、できる準備をしておきましょう。

7 「尊厳信託」の尊厳を信じて託す相手とは？

ここまで「エンディング期」の前に決めておく項目を考えてきましたが、勘のいい読者ならば、すべての項目に共通する、決めておくべき最重要事項が何であるか、すでにお気づきかもしれません。

そうです、「誰に託すのか」ということが、家族に頼らずに「エンディング期」を迎えるあなたにとって、最重要課題となるのです。「エンディング期」には、あなたの意思をあなた自身の力で実現することができないので、あなたの意思や希望つまりあなたの「尊厳」を、信頼できる誰かに託しておかなければなりません。

近年、「エンディング期」にある人々を支援する仕組みやサービスがたくさん出現してきています。しかし、どれも原則として「あなたのことを助けて差し上げましょうか」と手を差し伸べてくれたときに、「はい、お願いします」というあなたの意思表示が必要になるのです。

介護保険で訪問ヘルパーを派遣してもらうときも、ケアマネージャーからの働きかけがあり、それに対してあなたが「お願いします」と契約をしなければスタートできません。

ただ、そういうときにはすでにあなたは適切な判断ができなくなっているとしたら、せっかくの働きかけに、答えることができないかもしれないのです。その場合に、あなたの返答の支援をしたり、あなたの代わりに返答したりする役割というのは、これまではすべて「家族」に求められてきました。

しかし、家族に頼らないで「エンディング期」を迎えると決めたあ

なたであれば、これから説明する各種の契約を締結することによって家族の果たす役割を担ってくれる人や団体に、事前に頼んでおかなければならないのです。

「エンディング期」の中でも特に亡くなった後というのは、決して自分自身で行動を起こすことはできません。あなたの葬儀、納骨、死亡による携帯電話解約を、あなた自身ができないとすれば、あなたの代わりに行う「人」又は「団体」が必要になります。

▶誰に「エンディング期」の尊厳を託すのか

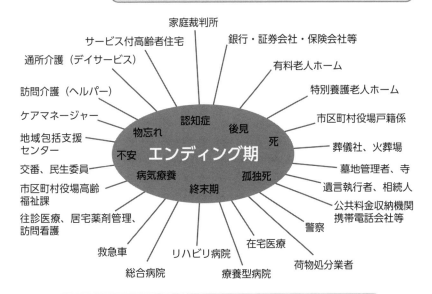

エンディング期を支援してくれる多種多様な機関からの働きかけに対し、返答を支援したり、代わって返答したりする役割を果たす「人」又は「団体」が必要

家庭裁判所
サービス付高齢者住宅
銀行・証券会社・保険会社等
通所介護（デイサービス）
有料老人ホーム
訪問介護（ヘルパー）
特別養護老人ホーム
ケアマネージャー
市区町村役場戸籍係
地域包括支援センター
葬儀社、火葬場
交番、民生委員
墓地管理者、寺
市区町村役場高齢福祉課
遺言執行者、相続人
往診医療、居宅薬剤管理、訪問看護
公共料金収納機関携帯電話会社等
救急車
警察
総合病院
荷物処分業者
リハビリ病院
在宅医療
療養型病院

認知症　後見
物忘れ　死
不安　**エンディング期**
病気療養　孤独死
終末期

エンディング期にあるあなたと、
それを取り巻く多種多様な機関との間をつなぐ役割
＝
あなたの「尊厳」を信じて託す「尊厳信託」

本書では、あなたの「エンディング期」の意思や希望の実現を支援する、つまりあなたの「尊厳」を信じて託すことを「**尊厳信託**」と名付けます。

そこでまず、あなたの「**尊厳信託**」の相手となり得る選択肢を考えてみましょう。

ここには、身近でお世話になっているケアマネや高齢者施設の職員は含まれませんのでご注意ください。

① 家族としてというよりは、自ら明確な意思をもって依頼する親族

親族だからやってくれるだろうという甘えではなく、あなたがご自身の「エンディング期」について正面から向き合って考えたとき、あなたの死の前後の時期を託したいと願う相手が、たまたま親族のなかの1人であったならば、その方にきちんと説明して納得していただいたうえでお願いすることになるでしょう。

必ずしも近い親族である必要はありません。たとえば、子どものない夫婦で、昔から妻の姪っ子を、ことさら夫婦で可愛がってきたとしましょう。

こんなケースでは、妻に先立たれた後も、夫は自分と血のつながった甥姪よりも、血のつながりはないが関係性の深い妻の姪っ子に、自分自身の「エンディング期」について託したいと希望している、ということもよくあります。

② 深い絆で結ばれた知人・友人

来るべき「エンディング期」において、あなたの希望を実現してくれる人として思い描くのは、家族親族ではなく、深い絆で結ばれた旧知の知人・友人かもしれません。それもまたあなたの意思です。

　ただし、親族ではない人が、判断力を喪失したあなたの代わりをしたり、亡くなった後のあなたの祭祀や事務を行ったりするときは、事前の契約によってその知人・友人に権限を付与しておくことが必要不可欠です。

　また、同世代の知人・友人では、あなたより先に「エンディング期」に足を踏み入れてしまう懸念もありますので、世代が下の人にお願いすべきでしょう。

③　法律的知識が頼りになる、弁護士等の専門家

　何よりも法律武装ができている専門家であれば、難しい法律の壁があっても心配ありません。もちろん、事前の契約締結は必須です。

　ただし、それなりの費用がかかることと、弁護士法人や司法書士法人など法人化されていればよいのですが、ベテランの弁護士や司法書士の個人と契約することとなれば、どちらが先に「エンディング期」に行ってしまうかという不安は残ります。

④　居住地の自治体や社会福祉協議会

　最近は、居住地の自治体や社会福祉協議会で、家族に頼れないおひとりさま向けの見守りサービスや死後事務受任サービスを安価な価格で提供しているところも増えてきています。

　何よりも安心感がありますし、価格の安さも魅力ですが、今後ますます需要が急増していくなかで、公的サービスを無尽蔵に増やせるわけはなく、現在のところは所得制限が設けられているケースがほとんどです。

5 「身元保証等高齢者サポート事業者」と呼ばれる団体

　近年、家族に頼れないままに「エンディング期」に突入する高齢者が急増するなかで、民間サービスとして、小規模事業者を中心に「身元保証等高齢者サポート事業者」と呼ばれる団体が数多く誕生してきています。

　実際の医療・介護の現場において急増するニーズや高齢者の不安の顕在化に答える形で生まれたこの事業は、今はまだ業界横断のルールや監督官庁、規制する法律もない状況のもと、「原則として家族がいる」という、もはや現実に即していない日本の社会保障システムの不備を解決する一つの中心的な仕組みとして機能していけるのかどうか、それぞれの団体の今後の動きが注目されるところです。

8 備えのための「尊厳信託」契約と、身元保証人の関係

1 備えのための契約は、「自立期」にしかできない

「エンディング期」に備えるための尊厳信託は、いつその準備をしておけばよいのでしょうか。答えは、あなたが「自立期」にいる間です。

尊厳信託という新しい関係を構築するために必要となる「契約」というのは、あなたと相手との間の約束事ですが、あなたがその約束の内容を理解して、その約束をしたいという意思を表明できなければ、成立しません。つまり、契約する能力のある時期である「自立期」でないと、契約の締結という行為そのものができないということです。

ここで問題となるのが、いつまで「自立期」にいられるかということです。「まだ早すぎるかも」「私は、認知症にはならないと思う」「私は大きな病気ひとつしたことないし」「長生きの家系だし」など、まだまだ「自立期」の終わりまでには十分な余裕があると考える方も多いでしょう。

しかし、人生は不確実なことばかりです。いつ何が起こるかわからないということを、新型コロナウイルスの脅威に晒された昨年から今年、特に強く感じた方もたくさんいらっしゃるはずです。

「家族には頼らないと決めましたが、老後の準備はいつ始めたらいいですか?」と聞かれたら、「今でしょ!」と即答します。あなたのこれからの人生で、一番若いのは「今」です。

契約の内容を理解する力も、契約の準備をする気力も行動力も、最

71

も若い「今」が、一番充実しているはずです。

　いつ始めたら？　と疑問を持ったその時が、「エンディング期」に
向けた備えの始めどきです。

2　身元保証人

　後述の委任契約、任意後見契約、死後事務委任契約という3本の矢
が揃ったところで、尊厳信託という新しい関係が構築されます。

　ここでは、3つの契約が揃ったときに初めて発揮される大きな力に
ついて、解説します。

▶思いを実現するために必要なこと
　……誰にあなたの尊厳を信じて託すのか

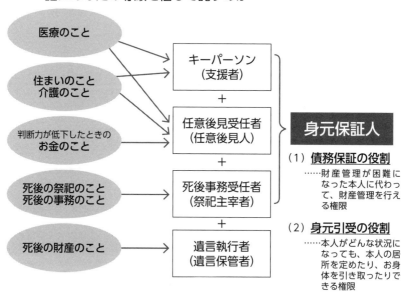

　あなたが病院に入院するときには、入院手続の書類に、すぐに連絡が取れる保証人を記載しなければなりません。また、あなたが老人ホームなど高齢者住宅に入居するときも、入居契約書に身元引受保証人や緊急連絡先などの記載と、その人の印鑑証明書の提出を求められることがほとんどです。

　こうして入院や入居の際に、本人とは別に契約書等への記載が求められる人は、実際にはそれぞれの病院や高齢者施設に応じて、保証人、身元保証人、身元引受保証人、緊急連絡先など、呼び方はさまざまですが、ここでは「身元保証人」と総称することにします。

身元保証人とは

　民法には「保証人」についての記載がありますが、これは債務保証に限定された内容ですし、昭和8年に制定された「身元保証に関する法律」に規定されているのは、雇用契約によって雇用している人の行為によって企業側が損害を受けたときに賠償することを定めた法律です。

　したがって、現在、入院や入居の際に求められる身元保証人について詳細に定めた法律は存在せず、だからこそ、その呼称も求められる役割や課せられる責任の範囲も、一貫しておらず少しずつバラツキがあるものになっているのです。

　一般的に身元保証人と呼ばれる人には、大きく分けて2つの役割があります。1つは今後の支払いが滞った際の連帯債務保証であり、もう1つは契約者本人の最終的な身元の引受けを保証するものです。いずれの役割も、受入れ側の病院や高齢者施設の側のリスクを低減させるための仕組みです。

　1つめの連帯債務保証の役割については、民法にも規定があり、本人が支払えなかったものを、保証人が代わりに支払わなければならないという、一般的にもその仕組みや目的が理解しやすいものです。

　病院や高齢者施設にとって、費用の未払いは経営の圧迫要因となり

ますので、企業として存続するためにも、本人が支払えないのであれば、保証人が支払ってくださいということです。

最終的な身元の引受けという役割

一方、もう1つの役割である最終的な身元の引受けという役割は、本人にも引き受ける人にとっても、全体像がわかりにくく、具体的な役割がイメージしにくいものです。

たとえばあなたが高齢者施設に入居するとき、遠方に住んでいる弟さんに身元保証人を依頼したとしましょう。「100歳までここに住んでも、預貯金は十分に余る計算になっているから、お金のことも含めて保証人のあなたに迷惑はかけないわ」と言われて、安心して身元保証人を引き受けた弟さん。

確かに、入居してからも、あなたが「自立期」にいる間は、自分のことはすべて自分でできるので、身元保証人である弟さんが出る幕はありません。当然あなたがおっしゃっていたように、施設に支払うお金についても、あなたの銀行口座から自動引き落としされますから、弟さんに代わりに支払ってもらうこともありません。

ところが、あなたが急に倒れて意識を失ってしまったらどうなるでしょう。病院に緊急搬送するところまでは、入居している高齢者施設の職員が迅速に対応してくれます。

しかし、高齢者施設というのは、「命に関すること」と「お金に関すること」には関知しないというのが大原則です。24時間365日あなたを見守ってくれる高齢者施設の職員が、「エンディング期」に突入したあなたの命やお金の世話まですることになれば、それは運営する企業のコンプライアンス上、適切とは言えません。

緊急搬送された病院の医師からの病状説明、手術の説明、治療方針の説明などは、高齢者施設の職員が聞くことはできず、そこで、高齢者施設から連絡が行くことになるのが、身元保証人である弟さんです。弟さんは、すぐに病院に駆けつけて、今度は病院の入院手続のなかで、

身元保証人としての役割も果たしていかなければなりません。

　それからは、弟さんは本当に大変です。急性期病院からリハビリ病院への転院、入居していた高齢者施設に無事に戻れるのかどうか、もし戻れなかったとしたら、長期療養型病院への転院など、何も判断できないあなたに代わって、あなたのこれからの居場所の確保に奔走しなければなりません。

　もしその途中で不幸にもあなたが亡くなったとしたら、ご遺体の引取り、葬儀、納骨、病院の退院手続、高齢者施設の解約手続、居室の荷物処分と原状回復などなど……多種多様な死後事務の始まりです。

　そんな大変な役割を担うことになるのが身元保証人を引き受けてくれた弟さんですが、果たしてあなたに緊急事態が起こったときに同世代の弟さんはこれだけのことを行う気力体力が残っている状態でしょうか。先に亡くなっていることもあるかもしれません。

連帯債務保証より荷が重い身元引受保証

　こうして考えてみると、高齢者施設の利用料支払いが滞るリスクが低いのであれば、連帯債務保証の役割よりも、身元を引き受ける保証の役割のほうが、引き受ける人にとってずいぶん荷が重いのではないでしょうか。

　一般の人々にとって、「借金の保証人」というイメージがあるからか、連帯債務保証の役割のほうが受け入れられにくい傾向があるようです。そこで、連帯債務保証の役割については、高齢者施設などで保証金などの名目でまとまったお金を本人から預かっておくことで代用し、身元保証人の2つの役割から連帯債務保証の役割を切り離すというケースもあります。その場合は、2つめの役割だけを担うこととなり、単に緊急連絡先と呼ぶことが多いようです。

身元保証人はなぜ必要か

　では、病院や高齢者施設にとって、身元保証人はなぜ必要なのでしょうか。

1つめの役割の連帯債務保証については、前述のように、本人に代わって支払ってくれる人を担保しておくことは、病院や高齢者施設の法人としての運営にとっては、リスクを大きく軽減することになります。

　特に病院や高齢者施設に利用料を支払うのは、病気の人や高齢者です。支払いの資力があったとしても、銀行に行けないなどの理由で支払いが滞ってしまうことは、そんなに珍しいことではありません。そんな状態で起こりえる滞納を簡単に認めていると、運営状態はあっという間に悪化していくでしょう。

　病院や高齢者施設が、利用者からの支払いを確保するために連帯債務保証人を要求することは、預り金や保証金を十分に預かっておくなど他の手立てを取らない場合には、至極まっとうなことなのです。

　ちなみに、支払い資力はあるのに銀行に行けない、または銀行に行っても手続をする判断力がないという理由で支払いができていなかった場合には、後で述べる「尊厳信託」のための3つの契約を準備しておけば解決できます。

　身体的理由で銀行に行けなかった場合は、委任契約（87ページ）により銀行に同行して手続の支援をしてもらいます。また、認知症等で銀行手続そのものができなくなっている場合は、任意後見契約（88ページ）の効力を発生させ、任意後見人として銀行手続を行えばよいのです。

　2つめの役割の最終的な身元の引受けについては、先に述べた「命に関わること」「お金に関わること」には身元保証人に責任を持ってもらうということのほかに、利用者がその病院や高齢者施設に何らかの事情でいられなくなったときに次の居場所を手配することや、亡くなったときの対処が含まれます。

　もし、そういった役割の人がいなかったとしたら、病院や高齢者施設の負担は計り知れません。たとえば、高齢者施設に入所している高

齢者が、精神疾患で他の入居者に暴言や暴力をふるってしまった場合、他の入居者の安全を確保するために、その施設からは退去を要請されることがあります。

その精神疾患の入居者について、入居契約以外の何の契約関係もない施設職員が、どうやって次の居場所を探して、移動させることができるのでしょうか。

また、亡くなったときも、入居契約は死亡により終了しているにもかかわらず、何の権限があって高齢者施設の職員が、その亡くなった入居者の火葬や納骨をすることができるというのでしょう。さらに、居室に残された残置物や預貯金通帳などの遺産に関係するものは、いったいどのように処理したらよいのでしょう。

身元保証人を立てておけば、こうした後始末を、病院や高齢者施設の仕事と切り離すことができるのです。ただでさえひっ迫している病院や高齢者施設の業務に、このような不確実で手間のかかる仕事が不定期で降りかかってくるとしたら、利用料の滞納と同等かもしくはそれ以上に経営を圧迫しかねない事態にもなりえるでしょう。

③ 事例で見る身元保証人の働き

ここで、身元保証等高齢者サポート事業者が身元保証人をつとめた事例を2つ紹介します。身元保証人に求められる役割は多岐にわたるということをご理解いただけると思います。

事例1：せっかく夫婦で気に入って入居した有料老人ホームだったが……

子どものいないOさんご夫婦は、共働きで必死に働いてきましたので、ある程度の蓄えを持って老齢期に入り、最後くらいは贅沢をしようと、夫婦でとても気に入った高級老人ホームに入居しました。

妻が細かく計算して、夫婦ふたりとも95歳になるまでは資金繰り

は大丈夫と確信して入居したのですが、夫婦合算した世帯換算の年金収入が多かったので、途中から介護保険の制度変更により、介護保険負担割合が1割から2割に倍増してしまったこと、また追い打ちをかけるように世帯での医療費が1割負担から3割負担と3倍になってしまったことが、Oさんご夫妻の家計を圧迫することになりました。

そんな時期と前後して、穏やかで優しかった夫が、認知症により豹変するようになります。誰彼構わず暴言を吐き、ときには介護職員に暴力をふるうこともありました。

老人ホーム内のエレベーターに乗っていたとき、エレベーター内部の鏡に映る自分に向かって「なんだ、お前、文句あるのか！？」と叫んで殴りかかり、相手は鏡ですから手に大けがをしてしまったこともありました。

当然、他の入居者や老人ホーム内の備品にまで影響が出ているのですから、老人ホームとしては、退去を視野に入れてほしい、このホームではこれ以上、Oさん夫の面倒を見ることはできないとのことで、身元保証人である事業者に対して、Oさん夫の「退去勧告」に近い要望が出されていました。

夫のそんな様子を間近でみていた妻は、ショックを受けて、老人性うつ病に悩まされるようになりました。

夫はもう自分で適切な判断ができなくなっていましたから、事業者では、ずいぶん前に締結していた任意後見契約の効力を発生させるための手続を家庭裁判所に対して行い、Oさん夫の任意後見人となりました。

うつ病を発症していた妻とも話し合い、このまで

は夫婦2人でこの老人ホームに居つづけることはできないという結論に達しました。

ただ、資金繰りの面でいえば、夫婦2人とも退去する必要はなく、認知症の進行で自分の居場所すらわからなくなってしまっている夫が、自身の年金収入の範囲内で暮らせる特別養護老人ホームに転居できれば、妻はこのままこの老人ホームにいても大丈夫ということでした。

加えてその時点の状況では、妻が豹変した夫とともにこのまま同じ部屋で暮らしていくと、妻のうつ病はひどくなる一方なので、別々に暮らしたほうがよいということになったのです。

事業者が身元保証人という立場にいたからこそ、このOさんご夫婦の資金繰りを確認することができていましたし、さらに後見人という立場に就任したことで、Oさん夫が判断力を失っていても、Oさん夫がその時の身体状況精神状況により適した介護を受けられるような特別養護老人ホームへの転居を進めることができました。

とても仲の良かったご夫婦ですが、最後は残念ながら別々の場所で余生を過ごすことになってしまいました。ただ、これは認知症という病気のせいでもあり、無理やり同居をつづけることで、2人でどんどん落ちて行ってしまうよりは、Oさんご夫婦のように、離れることでお互いに安定した生活を送れるようになり、認知症という病気になる以前のご夫婦の想いを胸に残しておくほうがよいケースもあるように思います。

その後、相次いでお亡くなりになったOさんご夫婦ですが、事業者の行う死後事務によって、ご夫婦仲良く一緒に選んだ永代供養のお墓に2人で入っています。

事例2：東日本大震災時の福島第一原発事故による有料老人ホーム解散

平成23年3月11日の東日本大震災直後の福島第一原発事故により、

福島県では広範囲にわたり、立入禁止区域などが設定され、都市封鎖のような事態になっていました。

その現場では、皆、パニック状態のようになり、一刻も早くこの場から安全なところに立ち去ろうという動きがあったそうです。

その区域内にあった有料老人ホームも例外ではありません。ホームで働いていた職員が、皆、現場を離れざるを得なくなり、老人ホームそのものが「解散」を余儀なくされたのです。

この老人ホームの経営者は、入居者一人ひとりの身元保証人に連絡をしていったそうです。「老人ホームが解散するので、引き取ってください」と。

当時、この老人ホームでは近しい家族が入居者の身元保証人になっているケースがほとんどでしたが、ひとりだけ家族に頼れずに事業者が身元保証人となっている女性Ｓさんがいらっしゃいました。

事業者としても、当時は常磐自動車道も茨城県から下り方面は不通になっていましたし、「要介護４」のＳさんを、どうやって迎えに行って、どこで療養させるのかということで、震災直後の事務所で大騒動となっていました。

当時、計画停電がどうとかいっていて、スーパーやコンビニから食料がなくなってしまっていた時期です。

このＳさんの件は、まさに「身元」を「保証」する立場として、事業者そのものが被災して動きが取れなくなっているわけではないのであれば、Ｓさんの「身元」を安全なものにして差し上げる義務があったというものです。

家族とちがって、短期間でも事務所で面倒を見られるというわけではないので、まずはＳさんの受入れ先を必死で探しました。

通常、高齢者施設を移動するときは、詳細な「介護サマリー」や「診療情報提供書」などを引き継いで、本人と面接して、ようやく入所判定会議にかけてもらって、という手間ひまがあるのですが、なに

しろ緊急事態です。

　とある埼玉県の特別養護老人ホームが、こんな緊急事態だからと、急いで受け入れてくれることになりました。Ｓさんがどんな状態なのかもハッキリわからないなかで、「お食事が普通食なのか、刻み食なのか、とろみ食なのか、それだけは教えてほしい」という質問が来たほどです。

　老人ホームの経営者から最初の連絡があってからわずか3日後、その経営者もその場から退避するとのことで、経営者の運転する車にＳさんも乗せてもらい、茨城県のインターチェンジまで、転居先の特別養護老人ホームの職員が車で迎えに来てくれて、そこでバトンタッチとなりました。

　これは本当に特別な事態ですが、「身元」を「保証」するとはこういうことなのだと実感する事例です。

4　身元保証人なしでも、入院や入居はできるのか

　「エンディング期」にこれだけ重要な役割を担う身元保証人ですが、実際には、入院や入居の際に、身元保証人を依頼できるような家族がいないという人が急増しています。家族そのものはいるけれど、自分のためにこんなに大変な役割を背負わせたくない、という声もよく聞きます。

　病院に入院するときや高齢者施設に入居するときに、「私には身元保証人を引き受けてくれる家族がいません」と申し出たとしたら、病院や高齢者施設はどういう対応を取るのでしょうか。

　実は、厚生労働省と消費者庁が連名で発表した啓発資料によると、「基本的に身元保証人がいなくても、入院や介護施設等への入居は可能です」ということです。病院や介護施設に対しては、「身元保証人

がいないという理由だけで、入院や入居を拒否してはならない」という趣旨の通知がされています。

　つまり行政としては、身元保証人がいないことによって生じるリスクを、病院や高齢者施設側に全面的に負担するように求めているということでしょうか。

　もちろん、厚生労働省も民間研究所に調査を依頼して、「身寄りがない人の入院及び医療に係る意思決定が困難な人への支援に関するガイドライン」（令和元年6月3日）を発出するなど、病院や高齢者施設等に過度な負担がかからないように配慮はしているようですが、ガイドラインにあるような、本人への意思決定支援と後見制度の活用と市区町村による遺体・遺品の引取りや葬儀だけで、家族に頼れない人のすべての「エンディング期」への十分な対応ができるはずもありません。

　結論としては、身元保証人なしでも入院や入居は「できる」のですが、現場は大混乱が避けられないというのが現状です。家族に頼らないと決めた人が全員、身元保証人なしで入院したり入居したりしたら、その病院や高齢者施設はどうなるでしょう。

　本来は家族が担ってきた役割を、医療や福祉関係の現場の担当者が一手に引き受けることになり、彼らは本来業務とはかけ離れた業務に毎日翻弄されることとなります。働き方改革が叫ばれるなか、とても持続可能な方法ではないといえるのではないでしょうか。

5　身元保証人の選び方

　ではなぜ、民間から新しい事業としてたくさん事業者が誕生している「身元保証等高齢者サポート事業者」を、厚生労働省や消費者庁は積極的に利用するように働きかけないのでしょうか。民間活力を利用しようとは考えないのでしょうか。

その理由は、次のような点などが挙げられるでしょう。

① この事業を営む団体がここ5年ほどの間に急激にその数を増やし、したがってまだ小規模な団体がほとんどであり、信頼性の担保ができていないこと。

② 長ければ数十年先の自分自身の「エンディング期」のすべてを任せるという重大な契約にもかかわらず、この事業を監督する行政官庁がなく、規制する法律も業界団体も今のところ存在していないこと。

③ 数十年先かもしれない死後事務にかかる費用等を預託金として預けておかなければならないことが多く、その管理方法に対する不安が拭えないこと。

今後ますます単身世帯は増加の一途をたどり、少子高齢化も進行していくばかりという状況で、家族に頼らずに「エンディング期」を迎える人は間違いなく急増していきます。

そんななかで、家族に頼らず身元保証人もいないままで、そのまま「エンディング期」に突入しても、医療関係者・福祉関係者や行政が何とかしてくれる……と、あなたの人生の最終段階を他人ごとにしてしまってよいのでしょうか。

あなたの「エンディング期」を、他人事ではなく自分事として向き合い、どんなシナリオが現実に突き付けられても想定内のこととして、自分の準備した範囲内で対応できるようにするには、あなたが「自立期」にいる間に、身元保証人を誰にしておくかを決めておく必要があるのです。

もしその選択肢として、身元保証等高齢者サポート事業者のなかから1つの団体を選ぶとしたら、消費者庁が作成した85ページのポイントを参考にしてみてください。

入院や入居の間際になって、あわてて身元保証人を探すとなると、

すでに理解力に衰えが見られたり、気力が追いついていかなかったりしますので、家族に頼らずに「エンディング期」を迎えたいと考えている方は、少しでも早い時期に、身元保証等高齢者サポート事業者の比較検討も行ってみてください。

そして、業界側でも積極的に業界としての信頼を勝ち得るために、業界団体の設立や業界ルールの策定などを進めるべきです。一方の行政側も「まだ団体の規模が小さすぎて歴史が浅いから」と、せっかく産まれてきている民間活力を阻害することなく、間違いなくニーズが高まる一方の業務なのですから、業界として健全な成長ができるように監督省庁や法律による規制なども検討すべきです。

介護・医療や福祉の従事者の業務範囲を超えた善意のみに甘えず、これから家族に頼らずに「エンディング期」を迎えるたくさんの人たちが、安心して事前準備ができるようにしていただきたいところです。

高齢者サポートサービスを利用する時は 以下の点をよく確認しましょう！

◆ 事業者と話し合う前に、自分でも以下のような点をよく考えてみましょう。

> ※ 自ら情報を集め、判断し、意思決定することに不安がある場合は、意思決定を支援する仕組みも利用できます。詳しくはp8の相談先にご相談ください。

✅ 以下をチェック！

①要望の整理(p6へ)	☐	自分が何をしてほしいか明確にする。 （生活支援・身元保証・死後事務、その内容）
②支払い能力の見極め(p6へ)	☐	利用のたびにお金がかかるサービス、月ごとの手数料がかかるサービスの場合、使う可能性がある期間（例えば平均余命）を想定して総額を計算してみる。
	☐	自分の資産状況と照らし合わせて、支払えるかどうかを検討する。
③サービス内容の確認(p7へ)	☐	自分がしてほしいこと、期待することを明確にして事業者に伝える。
	☐	事業者ができないことは何か確認し、納得した上で書面に残す。
	☐	また、契約書（案）の内容は変えることができる場合もあるので、積極的に希望を出す。
④今後のことを考えて(p7へ)	☐	自分の認知能力・身体能力が衰えた時にも適切なサポートが受けられるよう、誰と何の契約をしているかについて書面に残し、緊急連絡先等と共にわかりやすいところに保管する。
	☐	契約の内容を変更したり、解約したりする場合の手続きを文書で説明してもらい、確認する。

不安がある時は公的な相談機関である「消費生活センター」などに相談しましょう。

消費者庁「『身元保証』や『お亡くなりになられた後』を支援するサービスの契約をお考えのみなさまへ」リーフレットより

9 「尊厳信託」のための契約Ⅰ：移行型の委任契約と任意後見契約

　ここでは、「自立期」に契約を締結し、これまで「エンディング期」に家族が果たしてきた役割を担うことができるようになることで、「エンディング期」における意思や希望の実現を支援する、つまり、あなたの「エンディング期」の「尊厳」を信じて託す「尊厳信託」の方法を検証してみましょう。

　あなたが自分自身の意思を伝えられなくなったり、適切な判断ができなくなったりしたとき、家族以外の人があなたを継続的に支援するには、元気なときに「エンディング期」のための「尊厳信託」の契約を締結しておくことが必要になります。

　その契約は、①自立期とフレイル期のための委任契約、②後見人が必要な時期のための任意後見契約、③亡くなった後のための死後事務委任契約という、3つの人生のそれぞれの時期に合ったものを、元気なときにつまり「自立期」にいるうちに締結しておくものです。

　ここではまず①委任契約と②任意後見契約について解説し、死後事務委任契約については100ページ以降で詳しく説明します。

▶エンディング期に活用したい 3 つの契約

契約の種類	契約実行が必要な時期	契約内容（例）	備　考
委任契約	自立期、フレイル期	自分の意思を自分に代わって医療従事者に伝える 老人ホーム見学の付添、選定の相談 老人ホーム入居に際しての身元保証人 手術後の帰宅の際の付添 金融機関の手続支援 不動産売却の相談	必要な仕事をその都度依頼する
任意後見契約	後見人が必要な時期	すべての財産の管理・処分 生活・治療・療養・介護などの手配	公正証書で締結
死後事務委任契約	亡くなった後	遺産配分を除く事務 祭祀主宰者の指定（葬儀、火葬、納骨）	

1　委任契約

　まずは、「自立期」を前提とした委任契約です。あなたはご自分にとって、今、どんな支援が必要かということを理解できる、判断できる時期ですので、契約をする相手に対し、必要な時期に必要な仕事を依頼することになります。具体的には、

　「老人ホームの見学に付き添ってほしい」

　「老人ホームに入居するから、身元保証人になってほしい」

　「白内障の日帰り手術をするので、術後の帰り道の付添をしてほしい」

　「ガンの検査結果を一緒に聞いてほしい」

「銀行や証券会社の手続を一緒にやってほしい」

「自宅を売却する相談に乗ってほしい」

など、家族がいたらこういうことを頼むだろうということを依頼すれば、有料で引き受けるというものです。

ただし、いつでも自分で必要性を判断して依頼できるわけではありません。フレイルの時期に入ってしまったとき、つまり急に倒れて入院したとき、認知症が進行しつつあるようなときには、例外的にあなたからの直接の依頼でなくても、周囲の関係者からの通報や依頼によって、あなたにとって必要なことを仕事として行うことができるようになっています。

ここで特に重要なことは、あなたが急に容体が悪くなったときなどに、この契約を使って**医療に関するあなたの意思を、あなたに代わって医療従事者等に伝える**という依頼事項です。契約書にこうしたことが明記されていることによって、あなたはあなたの人生の最終段階の医療に、あなたの意思を反映させることができるのです。

あなたにとって必要な仕事をあなた自身が直接依頼できない状況が、長期間継続する見込みになったときは、次の任意後見契約の効力を発生させる手続に進みます。

任意後見契約の発効に進む前に亡くなってしまったときは、任意後見契約はいわゆる「掛け捨て」の状況となり、効力が発生することないまま失効し、死後事務委任契約に進みます。

② 任意後見契約

後見という名前がついているので、「私はまだボケていないから契約する必要はない」とおっしゃる方も出てくるのが、この任意後見契約です。確かに「後見」という文字がありますが、同時に「契約」ということを忘れてはなりません。「契約」は、あなたに判断力がある

時期つまり「自立期」でないと締結できません。

　任意後見契約とは、あなたが「自立期」にいるときに、将来もし認知症等により判断力が十分でなくなった場合に備えておくための契約です。ですから、この任意後見契約を締結したということは、その時点ではあなたは一切ボケていないということです。

　任意後見契約は、「任意後見契約に関する法律」で定められている通り、必ず公正証書で締結しなければなりません。法律のエキスパートであり特別公務員である公証人の目の前で締結するのですから、あなたが認知症を発症していたら、契約の締結は不可能です。

「将来もし判断力が十分でなくなったら」が前提

　この契約に記載されていることのほとんど全部が、「将来もし判断力が十分でなくなったら……」という仮定のもとで実現することです。つまり、仮定が実現するまでは一切効力はなく、あなたの生活に関係することのない契約です。

　将来もし判断力が十分でなくなったら、

　「任意後見人に就任するために、家庭裁判所に申立てをして、任意後見監督人を選任してもらってください」

　「任意後見人になって、代理権目録に書かれている仕事をやってください」

　「3か月に一度は報告書を作成し、任意後見監督人に見てもらってください」

　「任意後見人の報酬は月額○万円とするので、管理する財産から受け取ってください」

　というように、すべて将来起こるか起こらないかわからないことを記載しておくのです。

　前述の委任契約（必要な仕事をその都度、依頼する）から、あなたに依頼する能力がなくなったときには、この任意後見契約に移行することになります。この契約では、あなたに依頼する能力がなくなった

としても、任意後見人があなたの正式な代理人として、あなたのための仕事を行うことができることになります。

　もちろん、そういう時期を経ることなく亡くなったら、使わずに終わる「掛け捨て」の契約です。誰にでも判断力を失ってしまう可能性はあるのですから、あなたが「自立期」にいるうちに備えておいて損はないのではないでしょうか。

▶任意後見契約で依頼できること（例）

財産の管理	介護や生活面の手配
●自宅等の不動産の管理 　（賃貸契約・更新契約） ●金融機関との取引 　（預け入れ、引出しなど） ●年金の管理（入金確認・受取り） ●税金や公共料金の支払い 　（口座引落しの契約手続、振込みなど） ●生命保険や火災保険の管理 　（保険料の支払い、保険金の受取り） ●重要書類（通帳、キャッシュカード、 　保険証書、不動産権利書など）の 　管理 ●相続手続 　（遺産分割協議の交渉や訴訟など）	●日常的な生活費の管理 　（生活費を届ける・送金する） ●住民票、戸籍など各種手続に 　必要な書類の受取り ●要介護認定の申請等に関する 　各種手続 ●介護サービス提供機関との契 　約の締結、費用の支払い ●医療契約の締結、入院の手続 　や費用の支払い ●老人ホームへ入居する場合の 　体験入居の手配や入居契約を 　締結する行為 ●必要な品物の購入・支払い

（出典）奥田周年 監修『暮らしとおかね Vol.7 親が認知症と思ったら できる できない 相続』（ビジネス教育出版社）

3　任意後見制度

　任意後見制度というのは、「自立期」にいるうちに、将来の認知症等に備えて準備をしておくものです。

　具体的には、あなたが「自立期」にいる今、任意後見契約という契

約書を公正証書によって作成しておくのです。ここで重要なポイント
は、「契約」ということと「公正証書」ということです。

契約

　「契約」をするということは、あなたに契約内容を理解する能力が
あるということと、契約をする相手がいるということです。つまり、
認知症になってからでは、契約内容を理解することができず手遅れだ
ということ。そして、契約内容を理解したうえで、将来、もしあなた
が認知症になったときにあなたの後見人になってくれるようにお願い
したい人や団体を、契約の相手とするのです。

公正証書

　加えて、その契約書を「公正証書」で作成することになります。こ
れは、「任意後見契約に関する法律」で規定されており、この契約が
確かに両者の合意のもとに作成されたという公証人のお墨付きをいた
だくことで、契約時点でのあなたが確かに「自立期」にいて、契約内
容を理解して契約していたのだということを証明し、後のちのトラブ
ルを避ける効果があります。

契約の効力発生はいつ？

　こうして作成される任意後見契約では、将来、もしあなたが認知症
などにより財産管理ができなくなったときに、契約の相手方になった
人や団体が、あなたのためにどういうことをしなければならないか、
そのときにいくらの報酬があなたの財産からその相手方に支払われる
のか、などということが、事細かに規定されていますが、契約をした
ときにはその効力は一切発生しません。

　この契約をした後、たとえば10年後に、万が一あなたが自分のお
金の管理がまったくできなくなったとしたら、法定後見制度と違って
4親等以内の親族の手を煩わせることなく、あなたとの契約の相手方
になっていた人や団体が申立人となって、家庭裁判所に「10年前の
契約の効力を発生させてください」という申立てをすればよいのです。

10年前の任意後見契約により、あなたの後見人になるのは相手方の人や団体と決まっているのですから、家庭裁判所は、あなたの判断力の状態を確認したうえで、任意後見契約の効力を発生させるために、後見人となる人や団体が、判断力のないあなたの財産を適正に管理しているかどうか、横領などしていないかどうかを監督するための「任意後見監督人」と呼ばれる専門職を選任してくれます。

　このように、「自立期」のうちに信頼できる相手と任意後見契約を結んでおけば、もし認知症が酷くなる事態となったとしても、そのときに約束をした相手が、親族の手を借りることなくスムーズにあなたの正式な後見人になる手続をしてくれて、さらにその後見人を監督する役目の専門家を家庭裁判所が決めてくれるので、周囲の人たちが右往左往することがなくなるのです。

▶任意後見契約利用の流れ

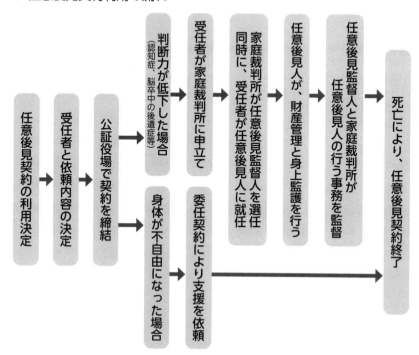

4 任意後見人の仕事

　では、任意後見契約を締結した後に、あなたが判断能力を失い、任意後見契約が発効してあなたに任意後見人がついたとしたら、いったいその任意後見人は、あなたのためにどんな仕事をしてくれるのでしょうか。

　簡単に言えば、あなたが自分で自分のことが何も決められなくなった状況でも、あなたがきちんとした生活が送れるような生活設計をしてくれることです。

　96ページで、70歳の女性が猛暑の夏の日に、自宅のトイレで脳梗塞により倒れてしまい、意識消失した事例を紹介しています。

　彼女は幸い、68歳のときに任意後見契約を締結して「備え」をしていました。そのときの契約の相手方が、すぐに病院から受け取った診断書を添付して、家庭裁判所に「2年前の任意後見契約の効力を発生させてください」という申立てをし、倒れてから2か月後には、その相手方が正式に彼女の任意後見人となり、家庭裁判所から選任された司法書士が任意後見監督人に就任しました。

　後見人になると、法務局で「後見登記事項証明書」という身分証明書を発行してもらえるので、その証明書を提示すれば、各金融機関において彼女の口座情報をすべて得ることができ、年金機構にも情報開示の請求をすることができます。

　賃貸住宅の管理会社にも連絡をして、彼女がもうこのマンションでひとり暮らしをすることは不可能であることを伝え、彼女本人に代わって任意後見人として賃貸借契約の解約をしました。

　その際、居住用不動産の処分という重要な行為に当たることから、任意後見監督人の同意をもらい、家庭裁判所にもきちんと報告をします。

　彼女の預貯金残高と年金収入が把握できたところで、資金計画が立

てられることになりますから、月額いくらくらいの療養型病院なら入院できるなどという選択ができるようになります。

　彼女が最終的にお亡くなりになるまで、資金繰りで困ることのないように計画を立て、必要な支出をし、もらえる権利のある給付金や還付金などは申請をして本人の収入とする。たとえば、新型コロナウイルス対策としての10万円の特別定額給付金は、後見人としてその申請を決して忘れてはならないものです。

　そのうえで、彼女が生きていくうえで尊厳を失うことなく適切な看護や介護が受けられるように、そして今ははっきりとわからないかもしれないけれど、彼女の意思や希望をおもんばかって、彼女の「ベスト・インタレスト（最善の利益）」に適うように、病院や介護施設との契約やその後のやりとり、介護保険のヘルパーの契約、その他いろいろな手配を通じて、生活環境を整えていくのです。

親族に遠慮しながら頼むよりプロに依頼する

　こうしたことを、任意後見人は業務として行い、したがって家庭裁判所や監督人の了解のもと、あなたの財産から報酬も受け取るのですから、「そんなことまでしてもらって申し訳ない」と遠慮することはありません。

　一方で、こんなことを家族がすべて担うとしたら、あなたはどう感じるでしょう。実際にそうなったときには、残念ながらあなたは「申し訳ない」という感情は持つことはできないかもしれませんが、あなたが今、何も準備をしていなければ、あなたの「家族・親族には頼らない」という思いとはかけ離れた形で、あなたの「エンディング期」に家族・親族が少なからず巻き込まれていくことになります。

　あなたが「自立期」にいるうちに準備をしていなかったとしたら、判断能力を失った時点で利用できる後見制度は、次に説明する「法定後見制度」で、原則として家族・親族の協力が不可欠になります。

10 法定後見制度

　家族には頼らないと決めているあなたが重度の認知症になってしまったら、法律できっちりと定められた後見人等に仕事として財産管理をしてもらったり、適切な介護を受けられる環境を整えてもらったりすることになります。

　後見人というと、「私の財産を横領されてしまうのではないか」と心配される方も多くいます。確かに一時期、成年後見人をつとめていた弁護士や司法書士が、管理していた認知症のお年寄りの財産を横領したという事件のニュースが相次ぎました。

　もちろん、そうした横領という犯罪を、専門職である弁護士や司法書士が犯すことはあるまじき行為なのですが、専門職だからこそ大々的にニュースで報じられるのであって、後見制度による横領事件のほとんどは実は親族によるものであるということは、一般的にはあまり知られていません。

　最高裁判所の調査によると、2011年から2018年の8年間において、後見人による横領などの不正の被害額総額265億円のうち、95％は親族後見人によるもので、専門職による不正は5％だということです。

　こうした横領事件が相次いだ後、近年は家庭裁判所もどうにかして横領が起こりにくい制度にしようと苦心し、後見制度支援信託など成年後見人が独断で管理できる財産を最小限度に留めるような仕組みも広がってきています。

　ここまで、認知症によって財産管理ができなくなることを説明してきましたが、このような状況になるのは認知症だけではなく、脳梗塞やくも膜下出血などで急に意識消失したり、意識は戻っても脳に重度

の後遺症が残ってしまったりした場合も同様です。この場合には、認知症が緩やかに進行するのとは違って、元気だった翌日に、急にそういう状態になるのです。

〔事例〕

—————————————————————————————————

70歳だった女性は、35度を超える猛暑の夏の日の朝、自宅を出発する前に用を足しに行きました。翌日、脳梗塞により自宅のトイレで倒れているところを発見されたその女性は、エアコンがつけっぱなしになっていたことが幸いして一命をとりとめましたが、脳の出血範囲が大きすぎて、意識が戻る見込みはないという状態に陥りました。

前日まで賃貸マンションでお元気に過ごしていた方です。駐輪場には彼女の自転車もあり、それほどお元気だったことが伺えます。運び込まれた急性期の病院には、長くは入院させてもらえません。その後、まったく意識のない彼女はどこで過ごせばよいのでしょう。

借りているマンションの契約をどうするのか、解約するとしたらお部屋の中の荷物はどうするのか、年金はいくらもらっていて、預貯金はいくらあるのか。

—————————————————————————————————

想像するだけで愕然としますが、誰にでも明日、そうなってしまうリスクはあります。

こういうときに利用する後見制度のことを、ここで説明しておきましょう。

後見制度には、法定後見制度と任意後見制度という2つの制度があり、「自立期」に準備をしているのか、していないのかが、2つの制度の分水嶺となります。

あなたが「自立期」にいる間に、将来認知症等で判断力を失ってしまった時の準備をしていないまま、実際にもしそうなったときに使える後見制度は法定後見制度しかありません。

逆に、「自立期」のうちに準備をしていたら、その後、認知症が進んでしまったときに使える後見制度は任意後見制度です。

任意後見制度については、前述しました（90ページ）のでご参照ください。

▶法定後見制度と任意後見制度の違い

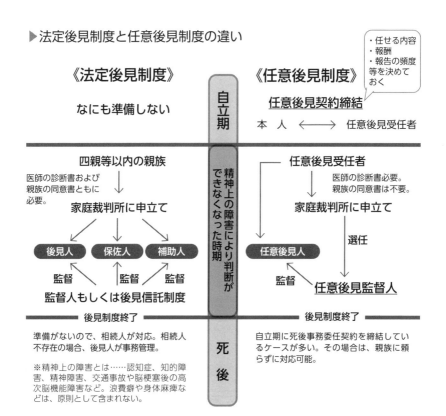

《法定後見制度》

なにも準備しない

四親等以内の親族

医師の診断書および親族の同意書ともに必要。

↓

家庭裁判所に申立て

後見人　保佐人　補助人

監督　監督　監督

監督人もしくは後見信託制度

後見制度終了

準備がないので、相続人が対応。相続人不存在の場合、後見人が事務管理。

※精神上の障害とは……認知症、知的障害、精神障害、交通事故や脳梗塞後の高次脳機能障害など。浪費癖や身体麻痺などは、原則として含まれない。

自立期

精神上の障害により判断ができなくなった時期

死後

・任せる内容
・報酬
・報告の頻度等を決めておく

《任意後見制度》

任意後見契約締結

本　人　←→　任意後見受任者

任意後見受任者

医師の診断書必要。親族の同意書は不要。

↓

家庭裁判所に申立て

選任

任意後見人　　任意後見監督人

監督

後見制度終了

自立期に死後事務委任契約を締結しているケースが多い。その場合は、親族に頼らずに対応可能。

法定後見制度は、あなたが何の準備もしないまま、認知症等により自分で財産管理ができなくなったとき、多くはあなたの4親等以内の親族（配偶者、子ども、親、兄弟、甥姪、いとこなど）が申立人という立場になり、家庭裁判所に対して「この人の後見人等を選んでください」という申立てをするものです。

たとえばここでは、あなたの姪っ子が申立人になったとすると、家庭裁判所は、あなたの姪っ子からの申立てを受けて、あなたの判断能力を調査したうえで、総合的に見てあなたに適した後見人等を選んで審判を出します。

　あなたの判断能力の程度によって、認知症等の症状が重い順に、成年後見人、保佐人、補助人と呼ばれる人が選任され、それぞれの責務やあなたの財産管理にかかわる程度が違ってきます。

後見人の決定権は裁判所にあり

　どんな人が選ばれるのかについては、すべて裁判所の専権事項となります。

　申立ての時に姪っ子は、「私を後見人等にしてください」と立候補することもできるのですが、その立候補したあなたの姪っ子をあなたの後見人等として選ぶかどうかも含めて、決定はすべて裁判官に委ねられるので、まったく知らない弁護士があなたの後見人等に選任されることも大いにあり得ます。

　そしてあなたは、すでに物事を判断する能力が低下している状態なので、誰があなたの後見人等に選任されたとしても、その時にはそれをしっかりと理解することができないでしょう。

誰が申立人になる？

　ここで重要なのは、「自立期」において準備をしておかないと、原則として4親等以内の親族が、家庭裁判所への申立ての時に、申立人という名の主役として担ぎ出されてしまうということです。

　あなたが心の中で、「親族には頼らない」と決めていたとしても、あなたを支援しようとする医療や介護の関係者は、あなたの判断力が失われたと判断された時点で、まず申立人となってくれる4親等以内の親族を全力で探すことになるのです。

　そうはいっても、こういうご時世では、4親等以内の親族も探し出せなかったり、探し出せたとしても関わり合いを拒否されたりするこ

ともあります。

　その場合、あなたに判断力がわずかでも残っているときには周囲の支援を受けながらあなた本人が申立人になったり、例外的に市区町村長に申立人になってもらったりして、あなたのために家庭裁判所が後見人等を選任する審判を出してくれるように周囲の支援者が奔走してくれることになります。

　繰り返しますが、そんな風にあなたのために医療や介護、福祉、行政関係の周囲の支援者が、ときに数十年ぶりに会うかもしれない親族を巻き込みながら右往左往している状況を、そのときのあなたは理解できないのです。

11 「尊厳信託」のための契約Ⅱ：死後事務委任契約

　亡くなった後のことを、亡くなった後にあなたが自分で依頼することはできませんので、生きているうちに、しかも「契約」の締結をする能力がある「自立期」にいるうちに、死後事務に関する委任契約を結んでおかなければなりません。

　死後事務委任契約と遺言との違いですが、遺言は遺言を書く人の一方的な意思表示であり、死後に残った財産の処分方法を宣言するようなものです。遺言のなかに記載して法的な効力が発生する事柄も、厳格に決められています。

　それに対して死後事務委任契約は、あなたの亡くなった後にやってほしい事務（遺産の配分を除く）を、契約の相手方に対して「お願いします」と依頼し、相手方は「はい、承知しました」と受諾し、その費用や支払い方などの条件を定めるという二者間の取り決めになっています。

　このなかで重要なことは、「祭祀主宰者の指定」です。あなたが亡くなった後の火葬や納骨については、慣例によって親族が「祭祀を主宰する者」として行うこととされているのですが、契約のなかで「祭祀主宰者を○○に指定する」という文言を盛り込んでおけば、死後の事務を依頼された者は、祭祀主宰者（簡単に言えば喪主）という正当な立場で、火葬や納骨を行うことができるようになります。

　死後の委任事務としては、次のようにいろいろな分野のいろいろなことが挙がってきます。

・火葬、納骨をしてほしい
・老人ホームの退去手続をしてほしい

・部屋の荷物をすべて処分してほしい

・このリストにある人に、死亡連絡をしてほしい

・新聞や牛乳の配達をストップしてほしい

・残ったペットの引取り先を探してほしい

契約書本体のほかに、付属文書として後日変更可能な状態にした死後事務の依頼リストを作成しておくことをおすすめします。

▶「尊厳信託」のための3つの契約は「3本の矢」

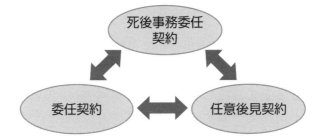

委任契約、任意後見契約、死後事務委任契約は、それぞれ独立した役割の契約ですが、3つの契約すべてを揃えておくことで、これからの「エンディング期」への大きな備えとなります。

「3本の矢」の逸話のように、1本1本の矢（契約）にもそれなりの力（役割）はあるけれど、3本揃うととてつもない大きな力（役割）を発揮できるのです。

なぜでしょうか。この3つの契約のそれぞれの守備範囲を人生のマッピング（13ページ）に照らし合わせてみましょう。すると、これから想定される人生の大部分をカバーできることがわかります。

唯一カバーできていない部分は亡くなった後の財産についてですが、これは、相続や遺言の分野にお任せするものです。必要に応じて、④として遺言を作成すれば、「エンディング期」への備えは万全となりあなたの尊厳がしっかり守られることになるのです。

このように、人生のマッピングで想定されることをすべて「尊厳信

託」の契約によりカバーしておけば、いつ急に「自立期」から足を踏み出してしまったとしても……交通事故で急に亡くなったり、脳梗塞で急に意識消失してしまったり、認知症が進行してしまったりしても……家族という存在に頼らずとも、契約するときに伝えていた希望や書面にしておいた要望をもとに、あなたの「エンディング期」を切れ目なく支援することができ、何よりあなたの尊厳を守ることができるのです。

　人生のマッピングにおいて穴がないような3つの契約を締結しておくことで、あなたが今後いつどんな状態になっても、以前は家族にしかできないと考えられてきた役割を果たすことができるようになります。

　それは、死の前後の「エンディング期」にもあなたの尊厳を守りつづけてもらうことを、契約によって相手に信じて託すことですから、①委任契約、②任意後見契約及び③死後事務委任契約という3つの契約が揃うことで、初めて「尊厳信託」が完成するのです。

12 永代供養と改葬

　たとえば、先祖代々檀家になっているお寺に立派な一戸建てのお墓があるのですが、あなたが生涯独身で兄弟もいない場合、あなたの次にそのお墓を継いでくれる人がいないという問題が生じます。

1　永代供養

　そうした場合には、お寺と協議を行って永代供養の契約をしておくか、もしくは現在のお墓をたたんで、新しく永代供養の墓地もしくは納骨堂に改葬するという手続を検討しておかなければなりません。

　通常、霊園や墓地の使用権利者は、管理料という名目で霊園・墓地管理者に継続的に支払いをしています。しかし、霊園や墓地の使用権利者は当然生存している人でなければならないので、お墓の使用権を承継する人がいないと、霊園やお寺などの墓地管理者は管理料を得られなくなってしまいます。

　そこで、継ぐ人が見つからず最後となる予定の使用権利者は、「自立期」にいるうちに、霊園やお寺など墓地管理者に対して「永代供養料」を払ってしまえば、基本的にはその後は管理料などなしでも霊園・墓地の管理者に供養や管理をやってもらえることになるのです。

　ただほとんどの場合、永代供養といっても未来永劫という意味ではなく、33回忌までなどと契約期間が定められており、契約期間が過ぎると、その霊園やお寺の墓地の他のたくさんの遺骨と一緒に合祀されることになります。

　その場合には、永代供養料という料金も、33回分の年間墓地管理

料や塔婆代等の供養料の前払いという意味合いなのでしょう。

こうした永代供養の契約を取り入れていない霊園や墓地もまだあり
ますし、あったとしてもお寺の場合などで永代供養料として提示され
る金額が、数百万円にも及ぶ高額なケースもあります。

そんなときには、その霊園や墓地に入っているご先祖の遺骨を取り
出して、別の永代供養の納骨堂などに改葬する手続を取ることもひと
つの選択肢でしょう。

2 改葬

改葬というのは、簡
単に言えば「お墓の引
っ越し」ですから、住
居の引っ越しと同じよ
うに、市区町村役場で
住民票異動のような手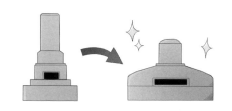
続である「改葬許可申請」が必要になります。

まず、現在の霊園や墓地の管理者にお願いして、誰のお骨が入って
いるか、その人の名前、生年月日、没年月日などを記載した「埋蔵証
明書」をもらいます。

さらに、新しく契約した永代供養の納骨堂からは、「納骨堂使用許
可証」を準備してもらいます。今まで入っていたお墓と、これから入
る引っ越し先のお墓それぞれの証明書を取得したうえで、今まで入っ
ていたお墓の所在地の市区町村役場で改葬許可申請をし、「改葬許可
証」を発行してもらうのです。

ただ、このときの注意点としては、特にお寺の場合で以前ご相談の
あった事例ですが、承継者がおらず、永代供養の契約もできないとの
ことだったために、改葬をしようと思うとお寺に持ち掛けたところ、

檀家を離れるのだからと言って、数百万円の「離檀料」を請求されたとのことです。

このときは、弁護士に相談してお寺と交渉してもらうこととなり、最終的には減額された「離檀料」を支払って改葬したということでした。

また、お寺によっては、そのお寺の墓地に納骨を予定している場合、亡くなった方の葬儀儀礼を必ずお寺で執り行わなければならないと、慣例により定めているところもあります。

あなたが直葬を希望していても、納骨先がそうしたお寺のお墓であった場合には、お寺の言う通りの儀式儀礼をそのお寺で執行しなければならなくなりますので、この点もあなたがお元気なうちに確認しておくことが必要でしょう。

13 多様性の時代の死後祭祀

1 自分では決してできない死後の祭祀と死後の事務

あなたが亡くなったあとのことについては、残念ながらどんなに頑張っても、あなた自身がその場で手を出せることはありませんし、その場であなたの意見や希望をお聞きすることもできません。

どんなに存命中に孤高の人生を送った方であっても、亡くなった後のことは、必ず誰かほかの人にやってもらわなければならないのです。

これまでの日本では、生きている間に何も決めていなくても、亡くなった後のことは家族がすべて執り行ってきました。それが、亡くなった本人の意思や考え方に合致しているのかどうかなど関係ありません。葬儀そのものも、亡くなった本人のためというよりは、残された家族のために行われることのほうが多かったのではないでしょうか。

残された家族の気持ちの整理のため、残された家族の体面を保つため、供花は数が多いほうがよいとか、棺は桐のほうがよいのではないかとか、本当に本人がそれを望んでいるのかどうかは、すでに誰にもわからないままに行われるのです。

亡くなった本人と家族との関係が親密かつ良好であれば、それでよいのでしょう。しかし、そのように自分の意思と家族の意思が合致するような関係でないとしたら……そもそもそのような家族がいないということであれば……あなたの死後の祭祀（供養に関すること）や事務を行う人は、あなたの存命中の希望がわからなければ、戸惑いながらも慣例に従わざるを得ないこととなるでしょう。

ですから、あなたが家族に頼らないと決めているのであれば、「自

立期」にいる今のうちに、亡くなった後の希望を決めておき、それを誰か信頼できる人や団体に託しておかなければならないのです。

　そして、あなたの亡くなった後の尊厳を託された人や団体は、あなたが亡くなったという事実を、いち早く知ることができるようにしておかなければなりません。

▶死後のこと
　……自分では決してできない

相続人以外の人（団体）に依頼するときは、事前に希望を伝え、実行する権限を与えておかなければならない。→ **死後事務の委任**

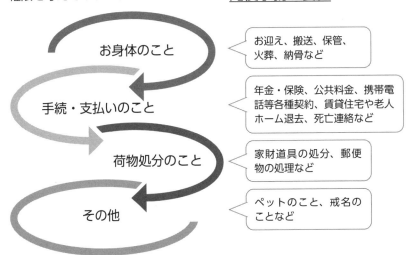

お身体のこと

> お迎え、搬送、保管、火葬、納骨など

手続・支払いのこと

> 年金・保険、公共料金、携帯電話等各種契約、賃貸住宅や老人ホーム退去、死亡連絡など

荷物処分のこと

> 家財道具の処分、郵便物の処理など

その他

> ペットのこと、戒名のことなど

　民法上、人が人として権利や義務の帰属主体となることができるのは、原則として出生から死亡までの間です。例外的に、母親のお腹の中にいる胎児のときにも権利義務の主体となることができる場合がありますが、終期としては人が亡くなったときであり、例外はありません。

　つまり、冷たい言い方になってしまいますが、宗教的なことは無視して民法上のことだけで言えば、人のお身体は亡くなると「モノ」に

なってしまうのです。

　「モノ」はひとりでは動けませんから、必ず誰か人間が動かさなければなりません。そして、火葬をして、墓地や納骨堂に納骨したり、海に散骨したりという、焼骨の処分をしなければなりません。

最近増えている直葬とは

　ここでも宗教的観点を抜きにすれば、いわゆる通夜や告別式といったセレモニーは、人が亡くなったときの必須行事ではありません。

　あなたは、人が亡くなったときということを想像すると、これまで経験してきた親しい人の死の場面を思い出し、多くの喪服を身にまとった黒ずくめの人々が、通夜や告別式、そして火葬に参列している様子を思い浮かべるのではないでしょうか。

　その一方で、あなたご自身が将来、家族に頼らずにお亡くなりになったとしたら、その様子は今まであなたが見てきたものとかなり違ったものになるはずです。

　家族に頼らないで死を迎える方は、いわゆる通夜や告別式といったセレモニーは、残される家族のためだと考える人が多いようです。

　そのうえで、ご自分が亡くなったときに、豪華な祭壇や供花は必要なのか、そもそも通夜や告別式を開催してもらっても、ご自身と同年代の参列者はもうほとんどこの世にいないのではないかと考え、直葬という選択肢を希望される方が多いのです。

　直葬とは、病院や高齢者施設など亡くなった場所から火葬場へ直接お身体を搬送し、通夜や告別式を行わずに火葬のみを行う形式のことをいいます。

　ただし、死亡時刻から24時間以上経過しなければ火葬をすることができないことや、近年の死亡者数の増加によって火葬場が混雑しすぐに予約が取れないことなどから、亡くなった場所から火葬場に直接ではなく、一時的に「死者のホテル」のような保管場所で保管をしてから火葬場に向かう場合も多く、単に通夜や告別式などのセレモニー

を行わずに火葬を行う方式を「直葬」と呼ぶようになっています。

ひと昔前であれば、直葬なんて言語道断だと感じる方が大多数だったかもしれません。しかし、日本が世界一の長寿国になった今、家族が周りにいない状態で天寿をまっとうして亡くなったとしたら、あなたの通夜と告別式の2日間にわたって参列してくれる同世代の知人・友人は、いったい何人ほどいらっしゃるでしょう。

先立たれた方も多いでしょうし、ご存命であっても病気療養中であったり認知症を発症していたりして、参列できない方も多いことでしょう。

それならば、あなたが「自立期」にいる今のうちから、「直葬」という方法を選択しておくのも、今ならば多くの人の理解を得られるのではないでしょうか。

ただ、信じている宗教があって、その儀礼としてセレモニーを行うことを希望される方は、もちろん、家族があろうがなかろうが、ご自身の信念に従って亡くなった後のセレモニーを執り行うようにしてください。

それについても、「自立期」にいる今、どこの宗教法人に連絡をして費用はどのくらいかかるのかということを、しっかりと書面にして、あなたの死亡の事実をいち早く知ることができる人や団体に託しておいてください。

2 焼骨処理の選択肢もさまざま

火葬が終わったら、あなたのお身体は焼骨となりますが、その焼骨を最終的にどのように処理するのかということも、あなたがお元気なときに決めておかなければなりません。

焼骨の処理方法には、どのようなものがあるでしょうか。

墓地

　代表的なものは墓地です。昔ながらの寺の境内にある一戸建てのお墓、私有地にポツンと建っている独立型の墓地、公営や私営の霊園墓地など、さまざまな種類があります。墓石を建てることとなり、墓石の地下部分には、ご先祖様のお骨がすでに入っているということが多いと思います。

　墓地の場合は、先祖代々引き継がれているという価値観を重視される方がいらっしゃる一方で、後述する「永代供養」の制度がないとすると、その墓地を引き継いでくれる親族がいなければ、最後の人はそのお墓には入ることができないという事態も生じかねません。

　また、墓石を建てるときも当然高額な費用がかかっていますし、納骨のときには、数十万円という費用を払って石材屋を呼び、墓石を持ち上げてもらわなければなりません。

納骨堂

　納骨堂とは、墓地のように墓石を建てることなく、焼骨を骨壺に入れて安置しておくもので、省スペースのお墓のマンションのようなものです。ただし、親族一族郎党みなで入れるものではなく、せいぜいご夫婦2人で同じスペースに安置してもらえるといった程度で、通常はひとりにつき1スペースになります。

　墓石に関する費用が一切かからないので、費用が安く済むというメリットがあるほか、屋外の墓地では負担になる墓掃除も、納骨堂では必要ないところがほとんどです。

近年の傾向

　その他には、樹木葬、海洋散骨、さらには宇宙葬など、近年はさまざまな焼骨の処理についての選択肢が生まれてきています。お骨のうちの一部は、ご先祖代々の菩提寺のお墓に納骨してもらい（この場合は、お墓の承継者となる親族の存在が必須です）、分骨して少量は大好きな海に散骨する……などという方法も可能です。

夫の実家のお墓に入ると、死んだ後まで姑や小姑と同居しなければならないからそれだけは避けたい、私は夫を看取って夫を実家のお墓に納骨した後はひとりで海洋散骨を希望する、という方もいらっしゃいました。

　また一方で、焼骨という「モノ」に価値をまったく見出さない方については、関西地方を中心に、「収骨をしない」方法を認めている火葬場があります。火葬をした後、お骨拾いをせずにそのままにしておくのです。収骨しなかった場合、お骨は火葬場の共同墓地に埋葬されます。

　このように、近年は遺骨についての考え方も多岐にわたっており、何が正解かということはありません。どんな価値観であったとしても、「自立期」のときのあなたの希望を実現するためには、あなたの望むお骨の最終処理方法をしっかりと書面に残し、それを信頼する人や団体に託しておくことです。

③　多様性の時代の葬儀・供養

　令和の現在は、多様性の時代です。あなたの亡くなった後の葬儀や供養の方法についても、「こうでなければならない」という決まりはありません。その分、あなたの強い意思や決断が必要とされるのです。その決断がどんなことであっても、多様性の時代には、でき得る限り尊重されるべきだと考えています。

　何度も繰り返し申し上げますが、あなたの思い描く葬儀や供養の方法があるとしたら、あなたが「自立期」にいる今のうちに、それをき

ちんと書面に記しておいてください。そしてそれを、あなたの死亡の
事実をいち早く知ることができる人や団体に託しておいてください。

　子どものいないご夫婦の事例を紹介します。おふたりだけで力を合
わせて生きて来られたので大変仲がよく、「私たち夫婦は、先に死ん
だほうのお骨の一部分だけを2人の永代供養の納骨堂には入れないで、
その少量のお骨を粉砕して粉骨にしてほしい。残ったほうは、その粉
骨を薬のように飲み込んでしまうつもりです。ひとりになっても、自
分の身体の中では生き続けていてほしいからです」とおっしゃいまし
た。

　また最近では、ご自分がお骨になって入ることになる骨壺を、ご自
分で用意する方も増えています。焼きあがった骨壺に、ご自分で絵付
けをしてカラフルなものができ上がるようです。

　また、死に装束についても、ご自分の好きな衣装を着せてほしいと
いう方もいらっしゃいます。生きている間はとてもスタイリッシュで
おしゃれな方であっても、亡くなった後は皆、同じ白装束、同じ白い
骨壺というのでは、「お洒落さん」の名が廃るということでしょうか。

　すでに、遺影を元気なうちに撮影しておくという方は増えています
ので、亡くなった後はこんなヘアメイクをしてほしいなどという事前
オーダーも、今後、増えてくるかもしれません。

　あなたなりの個性的な終着駅を、あなたがお元気なうちにデザイン
してみるのはいかがでしょうか。

4 膨大な事務手続

▶亡くなった直後の事務手続

手続の種類	手続の内容	備考
退院手続	入院費、死亡診断書の文書料等の支払い	
役所関係の手続	死亡届の提出 国民健康保険、後期高齢者医療保険の死亡手続と葬祭費受給申請 年金の死亡の届出と未支給年金、遺族年金の支給申請	火葬埋葬許可証には死亡届が必要
公共料金の手続	電気、水道、ガス、固定電話、NHK受信料などの停止手続	
その他	携帯電話、新聞配達、クレジットカード、インターネットプロバイダ契約、通販定期便、習い事等の解約	

第1部 家族に頼らない「エンディング期」への心構え

役所関係の手続など

　人が亡くなった後は、まず葬儀のこと、そして遺産のことに注目が集まりがちですが、実は、亡くなった直後からやらなければならない事務手続が膨大です。

　まず、もしあなたが入院していた病院で亡くなったとしたら、最初にやらなければならない事務手続は退院手続、つまり最後の入院費の支払いです。医師に書いてもらった死亡診断書の文書料の支払いもあるでしょう。

　あなたが家族に頼らないと決めていたとしたら、いったい誰がその手続をしてくれるのでしょうか。あなたは亡くなっているのですから、自分では決してできません。

　その後、市区町村役場に死亡届をします。死亡の届出をしないと、火葬埋葬許可証を出してもらえず、火葬を行うことができません。

その他の役所関係の手続としては、健康保険（国民健康保険、後期高齢者医療保険の場合）の死亡の手続と葬祭費受給申請、健康保険料や介護保険料の未払分支払いや過払分の還付申請、高額介護サービス費や高額療養費の支給申請、年金の死亡の届出と未支給年金、遺族年金の支給申請、逆に死亡後の偶数月15日に支給停止が間に合わずに入金されてしまった場合には、過払年金の返納手続などがあります。

公共料金（電気、水道、ガス、固定電話、NHK受信料など）の停止手続、携帯電話の解約手続というのは、どんな方でも必要になってくる手続です。

プライベートを曝け出すことへの抵抗感

人によってはそれ以外に、新聞配達や牛乳配達の解約、クレジットカードの解約、インターネットプロバイダ契約の解約、ケーブルテレビや有線放送契約の解約、通販定期便の解約、テニススクールやスポーツジム、ピアノ教室など習い事の解約等、生きている間の生活のなかで利用していたサービスの停止手続がたくさんあります。

同居していた家族であれば、亡くなった人がどんなサービスを普段利用していたかということが、ある程度思いつくかもしれませんが、そうでない人や団体に手続を依頼するのであれば、そうしたすべてのサービスについての手掛かりを残しておいていただかなければなりません。

近年では、長年付き合いのなかった姪っ子に、亡くなった後になって「へー、叔母さんはヨガ教室になんて通っていたんだ」とか「叔母さんはクレジットカードでこんなものを買っていたんだ」などと、自分のプライベートをすべて曝け出さなければならないことに抵抗感を持つ方も多く、そういう方は、自分のことを知らない団体の職員が、仕事として解約の事務を請け負ってくれるほうがよいと考えるようです。

確かに、あなたの亡くなった後とはいえ、携帯電話の解約を家族に

任せるのは、いい気持ちはしないという方が多いのではないでしょうか。

　あなたのことをよく知らない人が解約手続を行うのであれば、あなたの携帯電話の内容になど興味は示さないと思いますし、業務で事務を行うのですから、むやみやたらにあなたの携帯電話をのぞき見することはありません。

　しかし家族がそれをやるとしたら、夫が亡くなった直後に、妻が夫の手を取ってスマートホンの指紋認証を解除したところ、思いもよらず、夫のスマートホンには知らない女性との思い出の写真がたくさん残されていた……なんていう悲劇も起こりかねません。

死亡届の"死亡届出人"には厳格な定めがある

　ここでは、亡くなった直後に必ず行われる事務である「死亡届」について解説します。

　実際に死亡届を、市区町村役場に提出したことのあるという方は、読者の皆さんの中にはほとんどいないと思います。

　死亡届はほとんどの場合、葬儀社が代行して出しに行ってくれています。死亡届を市区町村役場に提出して受理されると、火葬埋葬許可証というものを手渡され、それがなければ火葬や埋葬をすることができないのです。

　死亡届はA3用紙の右半分が、死亡確認をした医師による「死亡診断書」となっています。24時間以内に医師が診察したときや、施設等で看取り介護契約をしているときには「死亡診断書」として死因や死亡日時などが記載されるのですが、自宅でいわゆる孤独死をしていたときや、施設などに入っていたとしても突然死であったときなどは、お身体は警察にいったん運ばれて、「死体検案書」という名前に訂正されて記載されます。

　そんなときには、死亡日時については、時間だけが不確実なときは「令和〇年〇月〇日　推定〇時」と、日にちも不確実なときには「令

▲ 死亡届のフォーマット

和○年○月○日頃」「令和○年○月下旬頃」などといった書き方がされ、この不確実な死亡日時が戸籍謄本にそのまま記載されることになります。

A3用紙の左半分がいわゆる「死亡届」です。ここで皆さんにあまり知られていないのが、一番下の欄の「死亡届出人」です。実はこの「死亡届出人」というのは、戸籍法という法律で、どんな人がならなければならないのか（届出義務者）、どんな人がなれるのか（届出資格者）ということが厳格に定められているのです。

前述の通り、人間は死亡すると権利義務の主体ではなくなり、いわば「モノ」となってしまいます。その境目となる実際の手続が「死亡届」であり、これが役所に提出され、戸籍に反映されることにより、人間は人間としての社会的生命が断たれることになるのです。

その意味で、「死亡届」は人間を社会から抹殺できてしまうものなので、その「死亡届」を行う人を法律で厳格に規定することにより、誤って死亡届が出され社会的混乱を招かないようにしています。

後見人等に加えて任意後見受任者が死亡届出資格者に

戸籍法第87条では、死亡届の届出義務者として、①同居の親族、②その他の同居者、③家主、地主又は家屋もしくは土地の管理人、という三者を挙げ、続いて届出権利者として、④同居の親族以外の親族、⑤後見人、保佐人、補助人、任意後見人及び任意後見受任者という二者を挙げています。

▶死亡届の届出資格者

義務者・権利者	具体例	備考
死亡届の届出義務者	①同居の親族 ②その他の同居者 ③家主、地主又は家屋もしくは土地の管理人	病院で死亡した場合は病院長が、高齢者施設等で死亡した場合は施設長が、賃貸住宅で死亡した場合は家主がそれぞれ③の「家屋管理人」の立場
死亡届の届出権利者	④同居の親族以外の親族 ⑤後見人、保佐人、補助人、任意後見人及び任意後見受任者	任意後見契約を締結し、認知症にならずに亡くなった場合、その任意後見契約が発効しないままでも、「任意後見受任者」が死亡届の届出権利者となる

　つまり、①〜③に該当する者は、死亡を届け出る義務があり、④及び⑤の者は、死亡を届け出ることができるということで、ここに掲げられていない者は、そもそも死亡届出人として死亡届に記載することはできないのです。

　したがって、通常死亡届を葬儀社の職員が出してきてくれるというのは、あくまでも①〜⑤に該当する者が死亡届出人として死亡届に記載したうえで、単なる使者として持って行ってくれているということです。

　明治時代に作られたこの戸籍法は、昭和の核家族化が進むころまで、死亡届出人は①〜③の義務者の規定しかありませんでしたが、日本の家族関係の変容によって、時代を追って④と⑤が加えられてきました。

　特に⑤については、平成19年の戸籍法改正により、「後見人、保佐人、補助人、任意後見人」が届出資格者に加えられたのですが、これだけでは、家族に頼らないと決めている人たちには不十分でした。

　もし、亡くなる前に認知症等が進行していて、家庭裁判所の審判により後見人等が選任されている人であれば、その後見人等が死亡届出人になれるのですが、後見人等のお世話になることなく亡くなった人

であれば、家族に頼らないとしたら③の者に死亡届出人になってもらうしかなかったのです。

　病院で亡くなれば病院長が③の「家屋管理人」という立場で、また、高齢者施設等で亡くなれば施設長がやはり③の「家屋管理人」という立場で、そして賃貸住宅で亡くなってしまったら家主が③の「家屋管理人」として、死亡届出人になってくれるケースが多いのですが、自己所有物件で死亡していたらどうでしょう。死亡届出人になってくれる人が、誰もいなくなってしまうのです。

　戸籍調査をして探せば、④の同居の親族以外の親族は見つかるかもしれませんが、戸籍調査には時間がかかりますし、見つかったところで断られてしまうかもしれません。死亡届は死亡後7日以内にしなければなりませんし、そもそも死亡届をしないと火葬も埋葬もできないのです。

　平成30年2月、法制審議会戸籍法部会では、死亡届出人がいないというケースが急増しているという現状が議論されました。

　そして、家族に頼らない・頼れない人たちが、認知症への備えとして「任意後見契約」を締結していれば、たとえ認知症にならずに亡くなって、その任意後見契約が発効しないまま、任意後見人のお世話にはならなかったとしても、備えの契約の相手である「任意後見受任者」という立場の者も新たに死亡届出の資格者に加えるべきではないかという検討が進みました。

　その結果、令和2年5月1日戸籍法の一部が改正され、死亡届出資格者である⑤に、新たに「任意後見受任者」が付け加えられたのです。親族以外で、親族と同様の役割を果たすものとして法務省が認知してくれた結果であり、家族に頼らずに老齢期を生きて、死んでいこうとする人たちにとっては、画期的な法改正となりました。

119

4　死後の事務にかかる費用は切り分けておく

　亡くなった後の事務については、その場ですぐに費用を支払わなければならない場面がたくさんあります。

　相続人である家族であれば、後日、どうせ相続でお金が入ってくるのだから、ここは自分で支払っておこうと考えるのも当然で、支払いに躊躇することはないでしょう。

　一方で、死後の事務について依頼された人や団体であれば、事前にそのための費用を預かっておくか、もしくは後日、確実にその費用を回収できる見込みがある場合でないと、頼まれた死後の事務の履行そのものにブレーキがかかってしまうのもやむを得ません。

　ここでひとつお伝えしておきたい法律上の大原則があります。人は亡くなった瞬間に、法律上の権利義務の主体ではなくなってしまうということは、前述しました。つまり、人が亡くなると、その人のお金はその亡くなった人のものではなくなってしまうのです。

　たとえばあなたが亡くなったとしたら、あなた名義の預貯金は、あなたが亡くなった瞬間にあなたのものではなくなってしまいます。では、誰のものになってしまうのでしょうか？

　原則として亡くなった瞬間に、あなたの財産はすべて法定相続人のものになっているのです。例外は、あなたが亡くなる前の「自立期」に遺言を書いている場合です。その場合には、遺言の内容に従って、あなたの財産が亡くなった瞬間に誰のものになっているのかが決まっています。これが大原則です。

　そのことを対外的に明らかにするためには、不動産や株式の名義変更をしたりする手続が必要になりますが、名義変更が済んでいなかったとしても、あなたの財産はあなたが亡くなったら、あなたのものではなくなってしまうことだけは確かです。

　先ほど述べたように、死後の事務を行って亡くなった後にかかる費

用を支払う人と、あなたの財産を受け取る人が同じであれば、それほど神経質に考える必要はないでしょう。これまで日本では、死後の事務をすべて家族がやってきたとすれば、その点が問題になることはなかったのです。

しかし、家族には頼らないで「エンディング期」を迎えると決めたあなたの場合、あなたの財産を受け取る人と、あなたの死後の事務を履行する人がイコールではなくなる可能性が高くなります。せっかく家族に迷惑をかけることなく死後の事務を処理してもらおうと頼んでいたのに、あなたが亡くなった後で、その費用の支払いについて、あなたの財産を引き継ぐ人と、死後の事務を頼んだ人との間でトラブルが起こってしまうことは、あなたの望むところではないでしょう。

だとしたら最も必要になることは、あなたの財産から、あなたの死後の事務にかかる費用を切り分けておくことです。

とはいえ、この分野はまだ発展途上なので、この方法が一番良いというものは確立されていません。現状では次のような方法があります。

① 死後の事務を依頼する人や団体に、死後の費用を予想してお金を預けておく。

② 死後の事務を依頼する人や団体に、死後の費用を予想して、その分のお金を負担付遺贈（ただの寄付ではなく、その代わりにやってもらう義務が付随しているもの）する内容の遺言を書いておく。

③ 遺産を引き継ぐ人から、死後の事務をやってくれる人や団体に、あなたの死後の費用を支払ってもらう。

④ 信託を利用する。

⑤ 第三者受取の生命保険を利用する。

難しいのは、あなたの死後の事務にどのくらいの費用がかかるのかということが、今の時点で誰にも正確な数字がわからないということ

です。死後の事務にかかる費用を予想しても、その時になれば過不足が出てきてしまうことは、どうしても避けられません。

　その過不足の調整を、家族に負担をかけずに行うためには、きちんと遺言を書いておくことをおすすめします。この点については、128ページの「遺言によって完成させる『エンディング期』への備え～死後事務委任契約と遺言の関係」という項目で説明します。

▶死後の事務にかかる費用の例示

		金　額	特記事項
葬儀納骨	直葬	20万円～30万円	
	納骨堂への納骨	0～5万円	※永代供養料や納骨堂使用料は、生前に契約済の場合に限る。
	墓（墓石あり）への納骨	10万円～50万円	石材屋費用含む。菩提寺の場合はさらに高額の場合あり。
	セレモニー追加	20万円～60万円	通夜、告別式。希望する場合のみ。
	宗教儀礼	10万円～30万円	お布施等。希望する場合のみ。菩提寺の場合はさらに高額の場合あり。
	戒名	10万円～50万円	希望する場合。菩提寺の場合はさらに高額の場合あり。
家財自宅	自宅の荷物処分	10万円～100万円	広さ、荷物量による。
	原状回復費用	5万円～20万円	賃貸の場合。
	特殊清掃・消毒費用	10万円～50万円	自宅で死亡し、必要な場合。
手続	各種契約解除の未払精算	0～5万円	公共料金、携帯電話料金等。
	過払い年金の返納	0～50万円	死亡後に振込まれた場合。
	最後の入院費の支払い	0～50万円	病院で死亡した場合。
	未払租税公課の支払い	0～20万円	住民税・固定資産税等。
	合　計	約50万円～300万円程度	

※死後事務として依頼する場合には、手数料が別途かかります。

14　遺品整理は大変！

　あなたの亡くなった後のことで、事務を依頼された人が最も気を使うのは、あなたの遺品整理です。そして大部分の人にとっては、自分の死期を予想することができないので、遺品整理が必要になったときの居室の荷物の状況などを想像して指示書を書いておいたり、不要物の処分費用を正確に見積もったりすることが難しいのです。

　あなたが亡くなったときに住んでいた場所が、賃貸住宅や高齢者施設等であった場合、遺品整理に猶予はありません。亡くなってから数週間の間には、退去手続を取らなければならない、つまり居室の荷物をすべて撤去して、原状回復しなければならないのです。

遺品整理を誰にやってもらいたいか

　あなたは、あなたの遺品整理を誰にやってもらいたいですか？

　私の場合、私自身が両親の遺品整理を行うことは特に不都合は感じないのですが、私自身の遺品整理は、2人の娘たちにはやってほしくありません。

　私はもう死んでしまっているとはいえ、娘たちに私のプライベートの荷物をひとつひとつ見られたくありませんし、携帯電話やパソコン、その中に保存している写真やSNS投稿の中身など決して覗いてほしくはありません。こうしたことは、すべて自分とは関係のなかった他人に、仕事として無感情で行ってほしいのです。

　こうした考えを持っている人は、決して少数派ではないのではないでしょうか。

　そこで、遺品整理を仕事として無感情でやってもらうとしたら、基本的にすべて廃棄処分してもらう、しかしその中から救出してもらう

ものを決めておく必要があります。

　たとえば、59ページで説明したような「荷物のトリアージ」を行い、少なくとも①預貯金通帳や生命保険証書などの貴重品、②引き継いでもらいたい貴金属など（アクセサリー、時計、着物、絵画、骨とう品など）、③リサイクルに回してもらいたいもの（希少な書籍、楽譜、高価な家具、楽器など）といったことを、あなたが「自立期」にいる間に決めておき、それ以外はすべて廃棄処分にしてもよいという覚悟を持つことです。

自家用車は要注意

　遺品整理のときに気を付けていただきたいのは、自家用車です。すでに運転免許を返納した後の遺品整理であれば、愛車も手放してしまっているでしょうが、まだ運転をしているような年齢で亡くなった方であれば、自家用車を所有していることも多くあります。

　実は、自家用車を死後の事務の範疇で処分することはできないのです。もう乗り潰したから廃車にしてほしいとか、お世話になったあの人に渡してほしいとか、そんな希望を「自立期」に聞いていたとしても、死後の事務を受任しているだけでは、どうしようもできません。

　なぜなら、自家用車には登録制度があるからです。不動産と同じように、その自家用車を処分する権限があるのは法定相続人か、遺言のなかでその自家用車を引き継ぐことになっている人だけです。

　まずは、その正当な自家用車の承継者が、陸運局で登録されている名義を変更してからでないと、廃車にすることも譲渡することもできないのです。

　登録制度のある動産については、死後の事務の範疇ではなく相続や遺言の範疇に入ってしまうことにご注意ください。

　ただし、死後事務の委任と合わせて遺言を作成することを条件に、自家用車など登録制度のある動産の処分も請け負ってくれる団体もありますので、相談してみることをおすすめします。

動産は誰のもの？

　厳密にいえば、登録制度のある自家用車のようなものだけでなく、亡くなった人のすべての持ち物（動産）は、預貯金などの金融資産や不動産と同じように、その人が亡くなった瞬間に、法定相続人かもしくは遺言で引継ぎ先に指定している人のものになってしまいます。

　ただし、亡くなった人が生活のために使っていた動産は、賃貸住宅や高齢者施設等の死亡による退去のときには、亡くなって数週間のうちにすべて撤去しなければなりませんし、その動産そのものの価値よりも、動産を撤去し搬送したり処分したりする費用のほうが高くつくので、現状としては、財産というよりも、逆に処分にお金がかかるものと考えられています。

　とはいえ、本来は動産もすべて遺産の一部ですので、死後の事務を依頼する人や団体と、法定相続人とのトラブルを避けるためには、遺言のなかで

　「私の居室の中の動産（現金を除く）は、死後事務を委任している◎◎に遺贈しますから、◎◎は私の指示書にしたがって動産をすべて処分してください。その際にかかる費用は、死後事務費用として、遺産から控除するものとします」

　などと書いておくと安心でしょう。

ペット対策は負担付遺贈？　それともペット信託？

　家族に頼らずに「エンディング期」を迎えようとしている人の中には、ペットとともに生活している人も多いのではないでしょうか。

　ペットを飼っていない人には理解が及ばないこともあるかと思いますが、ペットは、飼い主にとっては家族そのものです。あなたがもしペットを飼っているとしたら、一番の心配は、家族同様の存在であるペットを残して「エンディング期」に突入してしまうことでしょう。

　これからひとり暮らしの高齢者が増えていく一方であることは明らかであり、そうした状況において、ペットの果たす役割は非常に大き

なものがあると思います。

何より血の通った動物が、心を癒してくれ精神的な安定をもたらしてくれたり、ペットの世話をすることで身体機能や認知機能を維持することができたりなど、メリットは計り知れません。

お年寄りが、「自身に寄り添ってくれるパートナー」としてペットを求めることは、孤独・孤立を防ぐという意味では、歓迎すべきことでしょう。

しかし一方で、**体力的に世話ができなくなってしまうリスク、認知症が進行することによって世話ができなくなってしまうリスク、そして何より大事なペットを残して亡くなってしまうリスクと、目の前に迫っているかもしれない「エンディング期」には、実際にはこれまでのように大事なペットを適切に世話することができなくなってしまう**のです。

そういうわけで、最近ではお年寄りがペットを飼うことについて否定的な意見も聞かれます。実際、動物保護団体が保護犬猫を譲渡する条件として、

① 60歳以上のみの世帯には譲渡しない

② 継続した収入源のない家庭には譲渡しない

③ 単身者の場合は血縁の保証人が必要

と挙げているように、ペットの世話ができなくなってしまうリスクが非常に懸念されているのです。

そうはいっても、すでにあなたにとって家族同様のパートナーであるペットがいるとしたら、あなたが「自立期」にいるうちに、大切なペットのことを決めておかなければなりません。

70歳代前半のひとり暮らしの女性から、「私がモカちゃん（犬）より先に死んでしまうときのために、モカちゃんに私の全財産を残してあげる遺言を書きたいのです」と言われたことがあります。お気持ちはよくわかるのですが、残念ながらモカちゃんは、法律上は「モノ」であり、財産を所有させることはできないということを説明しました。

　できることとすれば、モカちゃんに持参金をつけるような意味合いで、世代が下の信頼できる方にあなたの遺産とモカちゃんそのものを「負担付遺贈」をすることです。

　「負担付遺贈」というのは、お金を差し上げる代わりにこういうことをやってくださいという条件が付されていることです。この場合は、「遺産を差し上げるからその代わりにモカちゃんが死ぬまで幸せに過ごせるように世話をするか手配をするかをしてください」、という内容を遺言に書いておくことです。

　このペットの処遇のことも、どうしてもペットのその後のことについてお金がかかりますから、死後の事務の委任だけでは難しいことが多くなります。死後事務委任と遺言との組み合わせが必要になるでしょう。

　ペットの処遇をお願いできる人というのは限られていると思いますので、ペットのことをお願いできる団体を「自立期」にいる今から探しておくことが必要でしょう。信託銀行では「ペット信託」というサービスを始めているところもありますので、ぜひ情報収集をしてみてください。

15 遺言によって完成させる「エンディング期」への備え
～死後事務委任契約と遺言の関係

　ここまで、「エンディング期」に切れ目なく対応できる３つの契約を締結することによって、**尊厳信託**という関係をつくり出し、身元保証人という「エンディング期」を支える重要な役割を果たすこともできるということを説明してきました。

　ただ、「エンディング期」への備えを万全にするためには、あと１つだけ準備が不足しています。それは、遺言です。

　これまで日本で「終活」という言葉が生まれるまでは、亡くなった後の準備といえば、「遺言」しか思い浮かばないという人が多かったのではないでしょうか。「相続」が「争族」にならないようにとのキャッチコピーのもと、遺言さえ書いておけば、亡くなった後は安心だという触れ込みでした。

　しかしそれは、「エンディング期」のさまざまな事務は、すべて家族が対処することが当然視されており、問題となるのは残された遺産の配分方法だけだったからです。

　近年、遺言の前の段階である「エンディング期」への対処のところで問題を抱える方や、家族に任せたくないと強い意思をお持ちの方が急増してきている状況のなかで、遺言の持つ意味合いも変化してきています。

　これまでの遺言では、「相続させたい家族がいる」ということが大前提であり、当然のように、遺言のなかに登場する遺産の配分を受ける人は、法定相続人であるというケースがほとんどだったのではないでしょうか。

　だからこそ、遺産を受け取る相続人である家族が、当然のように故

人の最後の入院費を支払ったり、葬儀代を支出したりと、「エンディング期」にかかる費用を、何の疑問も感じずに負担してきたのです。

ところが、「エンディング期」の対応を家族に頼らないと決めたら、どういうことになるでしょうか。

「エンディング期」対応にかかる費用は、その対応にあたる人や団体にきちんと支払われるような手立てをしておかなければなりません。結果として、「エンディング期」にかかる費用と、それ以外の残った遺産を、切り離して考えることが必要となります。この点については、120ページの「死後の事務にかかる費用は切り分けておく」で説明したところです。

「エンディング期」にかかる費用と、それ以外の遺産を切り離して考えることができれば、最終的に残った財産を差し上げたい人または寄付したい団体などに対して遺言による寄付をすることで、あなたが一生懸命働いて貯めてきた財産を、家族に遠慮することなく、あなた自身の希望に沿った形で有効に活用することができるのです。これは、【第2部】で詳しく説明します。

「エンディング期」にかかる費用を切り離しておく

では、「エンディング期」にかかる費用は、どのようにしてそれ以外の財産から切り離しておけばよいのでしょうか。

「エンディング期」には、あなたがご自身でお金の管理をするのは難しい時期です。特に「エンディング期」のなかでも亡くなった後というのは、自分自身では決してお金の支払いなどできるはずはありません。

「エンディング期」の対応を契約によって引き受けている団体の多くは、「預託金」という名称で、その時期に対応するための費用を事前に預かっておくという方法を取っています。「預託金」によって、あなたの財産から「エンディング期」にかかる費用を切り離しておくのです。

ただ、その金額は、事前に確定できるものではありません。ある程度の予算建てはするのですが、最後の入院費にいくらかかるとか、老人ホームの居室の荷物処分にいくらかかるとか……もし、自宅で孤独死してしまっていたら、部屋の消毒と特殊清掃で追加費用がかかるとか……そのときになってみないと、いくら費用がかかるのかは誰にもわかりません。

　とすると、あなたが「自立期」にいるときに預託金として預けておいた（切り離しておいた）お金では、あなたの「エンディング期」の対応をすべて行ったときに不足するケースも、大いにありえます。

　そんなとき、遺言がなかったとしたら、「エンディング期」を託された人や団体は、不足費用をどうやって回収するのでしょう。法定相続人に請求するしかありません。

　そもそも法定相続人との関係が希薄だった方の場合、不足費用を簡単に支払ってくれるのでしょうか。そんな不安定な状況で、あなたの尊厳を守るために「エンディング期」の対応をすべて引き受けてくれる人や団体はいるのでしょうか。

　そこで有効な手段が、「エンディング期」に対応する「尊厳信託」の契約とともに、最終的な遺産の処分方法を表明する遺言を作成しておくことです。

　遺言のなかで、①死後事務に要した費用が預託していた金額では不足するときも、その不足額を含めてすべて遺産から支払えるという内容を盛り込んでおくこと、加えて②必ず遺言執行者を指定しておくことによって、引き受ける人や団体も確実に履行した仕事に対する対価を受け取ることができますし、最終的に遺言によって遺産を受け取る人や団体も、遺言執行者によって適正な死後事務費用の審査と支払いを済ませた後で、最終的に受け取れる資産だけを引き継ぐことができることになります。

　「エンディング期」に対応する「尊厳信託」を引き受けるなかで、

かかる費用の全額をどうやって確実に受け取ることができるかというのが、「尊厳信託」を引き受ける人や団体には大きな課題となっているのですが、同時に遺言を作成しておくことで、この問題はすっきりと解決することができるのです。

　余談になりますが、「エンディング期」に対応する「尊厳信託」を引き受ける身元保証等高齢者サポート事業者等の団体が「預託金」を預かっているということについては、これがこの事業者らが世間一般から信頼を勝ち得るのが難しい一因になっているという指摘もあります。

　金融庁の監督が入る金融機関でもない団体に、あなたが亡くなるまでの、長ければ何十年もの間、「預託金」としてお金を預けておくのですから、不安を抱きたくなるのもごもっともです。

　ただ、逆に一銭のお金も預かっていなければ、事業者らはあなたの「エンディング期」の対応にかかった費用の回収に不安を抱き、必要な事務履行ができなくなるでしょう。

　現状では、各事業者がいろいろな知恵を絞りながら、なんとかして利用する人たちから安心していただけるような預託金の管理方法を提供しているのです。

　今後、家族に頼らずに「エンディング期」を迎える人が増加の一途をたどるのは明白なのですから、「エンディング期」にかかる費用について、どうやったら低コストで安全にあなたの財産から切り離しておくことができるのか、そして必要な時期に必要な支払いに使うことができるのか、こうした事業に特化した信託の組成もひとつの選択肢であり、日本の社会全体に必要な仕組みとして期待されるところです。

動産の整理

　また加えて、125ページで死後の遺品整理やペットのことを述べたときにも、死後事務の委任だけでは不十分で、遺品となる動産（自動

第1部　家族に頼らない「エンディング期」への心構え

車やピアノなど大きな楽器、ペットも動産です）の処遇を頼みたいときは、遺言のなかで、すべての動産は死後事務を委任している人や団体に遺贈すると書いておくべきだとおすすめしました。

　今の時代、動産そのものの価値よりも処分する費用のほうが高くつくので、遺言にそこまで書くのかと不思議に思われる方もいらっしゃるかもしれません。

　死後事務を委任する契約書において、遺品の整理について細かく依頼しておいたうえで、財産の処分を決める遺言において、「**すべての動産については死後事務を依頼している人に遺贈する**」としておけば、トラブルなく死後の事務の依頼を受けた人や団体は安心して、あなたの希望通りの遺品整理を行うことができるようになります。

　このように、死後事務委任契約と遺言を組み合わせることにより、あなたの「エンディング期」、特に亡くなった後の事務や遺産の配分が、よりスムーズに進むことになるのです。

遺言のすすめ

　もともと独りであったとか、離婚したとか配偶者に先立たれて独りになった人であれば、ますますあなたの残した財産を、法定相続人になるであろう、あなたの兄弟や甥姪に無条件で引き継ぐことになってよいのかをよく考えてみましょう。

　あなたはここまでの人生で、大切にお金とお付き合いをして、コツコツとお金を貯めてきたはずです。多くの方は、老後のためにある程度の余裕のある預貯金をお持ちになっていることでしょう。

　しかしながら、多くの方は、ご自身の生きている間のお金については大変な関心があるのに、亡くなってからのお金については、驚くほど関心が薄いのです。ご自分が亡くなった後のことだから、関係ないという気持ちになるのでしょうか。

　せっかく人生のうちの何十年もかけて積み上げてきた財産の行く末について、そんなに無関心でいるのはもったいないとは思いませんか。

そこでおすすめするのが、「遺言」なのです。「エンディング期」に家族には頼らないと決めた方が、どんな方法でどんな「遺言」を書けばよいのかということについては、【第2部】で詳しく説明します。

ここでは、今までの人生で一生懸命積み上げてきた財産を、あなたの亡くなった後、あなたの希望するように配分するためには、「遺言」を書くということと、その遺言のなかで「遺言執行者」を指定しておくべきだということを説明します。

「遺言執行者」の指定を忘れずに

日本の法律では、人は死亡した瞬間に、法律上の権利・義務の主体となることができなくなり、その人が持っていた権利や義務のすべては、「原則として」法定相続人に引き継がれます。

銀行にある預貯金は、その人が銀行に対して持っている権利ですし、不動産の所有権もその人の権利です。人が死亡すると、（実際の名義変更手続は後日になったとしても）即座にその権利を失ってしまい、権利を引き継いでいるのは法定相続人であると推定されてしまうのです。

この大原則を覆す例外的な方法が、「遺言」です。遺言にもいろいろな制約はありますが、「無条件に法定相続人に法定相続割合で引き継がれる」という推定は、あなたが「自立期」にいるときに作成した遺言によって排除することができます。

ではあなたが、数多くの甥姪の中でも一人だけあなたのことをいつも気にかけてくれる姪っ子に一部の財産を残し、それ以外はすべてあなたが思い入れのある分野の団体に寄付をするという遺言を書いたとしましょう。あなたは、その大切な思いの詰まった遺言を、どこに保管しておきますか。

相続や遺言に関するセミナーでこの質問をしたときに、一定割合の方は「大切なものだから、銀行の貸金庫にしまっておきます」とお答えになりますが、それだけはやめてください。

あなたが亡くなったとき、どこを探しても遺言は見つからなかったので、法定相続になるだろうと皆が確信し、法定相続人となった甥姪たちが遺産分割協議をし、銀行の預貯金の解約手続をして、貸金庫を開けることとなったとします。

　相続手続の一環で銀行の貸金庫を開けるときには、法定相続人全員の実印と印鑑証明書が必要です。ここまですべての手続が進んだ後で、全員で貸金庫を開けたところ、相続人のうちの一人の姪っ子だけに相続させる内容の遺言が出てきたときの気まずさは、想像に難くありません。

　もう一つは、子どものいないご夫婦で、夫が「妻にすべて相続させる」とする遺言を残していたとしましょう。しかし、夫が亡くなったときに、残された妻がひとりでその遺言の内容を実現する手続を行うことができるのでしょうか。

　そこで、あなたが書く遺言には、「遺言執行者」になる人を指定しておくべきです。個人を指定するのであれば、あなたよりも世代が若い人を、もしくは銀行や法人を指定することもできます。

　遺言のなかで指定された遺言執行者は、その遺言を実現するための権限が与えられているので、遺産を引き継ぐ人が困ることなくスムーズに手続をしてもらうことができます。

　仕事としてお願いするのですから、遺言執行者には報酬を支払うことになりますが、その料率については引き受ける専門家や銀行、法人によってさまざまですので、あなたが信頼できる遺言執行者を探してみてください。

　そして重要なことは、指定した遺言執行者に遺言の保管を依頼すること、そして、**遺言執行者があなたの亡くなった事実をいち早く知ることができる体制を整えておくことです。**

　いくら遺言執行者にやる気があっても、あなたが亡くなったことを知らずに遺言執行が行われていなかったら、後のちのトラブルになっ

てしまいます。**死後の事務を依頼する人に、遺言執行者への死亡通知を依頼しておくことによって、この問題は解決できるでしょう。**

なお、遺言の作成方式については、第2部164ページ以降を参照してください。

最近では、法務局による自筆証書遺言書保管制度という方法も誕生し、令和2年7月から運用が始まっています。

費用をかけずに手軽に作成できる自筆証書遺言のメリットを残したまま、保管場所の問題や、相続人による改ざんや隠ぺいといったリスクを解決するための制度で、自筆証書遺言書を公的機関である法務局で保管し、遺言する人の最終意思の実現と相続手続の円滑化を図ろうとするものです。

大変便利な制度に思えますが、やはり、実際に保管したりするとき、そして遺言した人が亡くなって、その人が残した自筆証書遺言を閲覧したり開示してもらうための手続は、とても厳格だと聞いています。始まったばかりの制度なので、今後の使い勝手や普及の度合いを見極めていく必要がありそうです。

第1部 家族に頼らない「エンディング期」への心構え

「エンディング期」の おひとりさま事件簿 〜「尊厳信託」による解決編

事例 1 元気だったのにいきなり要介護状態へ

　女性Wさんは婚姻歴も子どももなく、両親が建てた一戸建ての自宅で次々と両親を看取り、その後は自宅を相続してひとりで暮らしていました。

　両親が亡くなったときに、Wさんには自分がひとりで看取ったので、自宅不動産を自分が相続するのは当然だと思っていましたが、平等な相続を主張した姉と妹とは気まずい関係になってしまいました。

　じゃあ自分のことは誰が看取ってくれるのか、姉や妹に嫌々ながら看取ってほしくもないし、もし姉や妹が先に亡くなっていたら、ほとんど付き合いのない甥姪に絶対に迷惑をかけたくないと強く考えるようになり、「尊厳信託」の契約を決意しました。もしWさんにこの契約がなかったら、間違いなく姉か妹に連絡が行きます。

　幸いWさんは「尊厳信託」の契約を済ませており、いつも持ち歩くカバンの中に「緊急連絡カード」を忍ばせていたので、地下鉄の線路から救出された後、事故処理をした警察が「緊急連絡カード」を見つけて連絡をしてくださり、「尊厳信託」の契約を引き受けた団体がWさんの入院保証人となって入院の手続をし、医師や看護師、医療相談員とのやりとりをすべて行うことができました。

　入院後に退院を見据えて初めての介護保険認定申請をしたとはいえ、その時点の身体状況で、すぐにひとり暮らしの在宅介護に切り替えられるかといえば、周囲の関係者は「無理だ」という意見が大多数でし

た。

　Wさん本人は、適切な判断はできていないし、財産管理能力は完全に失っている状況だったため、「尊厳信託」の契約受託団体は、家庭裁判所の審判を得て「任意後見人」に就任し、Wさんの意思を尊重しながらWさんの居所を選定し、そのためにWさんの財産を適正に管理する権限を得ました。Wさんの唯一ブレない希望は、「自宅に戻りたい」ということでした。

　そこで「尊厳信託」の契約受託団体は「任意後見人」として、新たに就任したケアマネージャーと一緒に自宅を訪問し、在宅介護ができる状態に改修することにしました。

　トイレは和式、狭い廊下、急な階段、バリアフリーとは無縁の造り、この築60年の自宅で介護を受ける困難さに途方に暮れました。

　退院後は、介護保険を使いながら毎日誰かの目が入るように、訪問介護、訪問看護、訪問診療、デイサービスといったサービスの契約を後見人として行い、Wさんが自宅でひとりのときに何かあっても、すぐに発見できるような態勢を整えました。

　Wさんは数か月は在宅での介護を受けながら過ごしていましたが、築60年の古家を完全なバリアフリーにすることは難しかったため、家の中で何度も転倒し、さらに嚥下能力の低下により食事をうまく取れなくなって低栄養となってしまったため、最終的にはWさんに納得してもらう形で、特別養護老人ホームに入所しました。

　今では、すっかり特別養護老人ホームでの生活に慣れ親しんで、暴言暴力などの異常行動もなくなり、自宅のことは普段は思い出すこともなく落ち着いて過ごしています。

　結果的には施設入所となりましたが、Wさんの「自宅に戻りたい」という強い希望を周囲の関係者みんなで尊重し、短い期間であってもその望みを叶えられたことが、その後のWさんの気持ちの落ち着きにもつながったのでしょう。

末期ガンを宣告された初老男性と 残される老母

事例2

　60歳代前半で食道ガンの宣告をされた男性Mさんにとっての家族は90歳を超えた特養入所中の母親しかいません。彼自身の闘病とその後、そして唯一の頼りだった息子に頼れなくなった母親のその後は、どうなったのでしょうか。

　Mさんの父親に当たる人とその妻との間には合計4人の子どもがいました。

　Mさんには、会ったこともない母親違いの兄弟たちに世話になりたくない、迷惑をかけたくないという気持ちが強くありました。そこで、会社を退職した直後に「尊厳信託」の契約を締結しました。

　実際に世話になるのはまだまだ先だけどね、とつぶやいていたMさんですが、想定外に契約からわずか数年後に、「契約しておいて本当によかった」とおっしゃる事態となったのです。

　Mさんは、食道ガンの大手術に臨むことになり、病院からは「手術の説明時、手術中、手術直後は、かならずご家族の付添を」と要請されました。

　大学病院の医者から、Mさんと一緒に手術の説明を受け、入院保証人の手続を行いました。手術当日は、「頑張って！」とMさんを送り出し、8時間にわたる手術の間は病院内で待機し、手術終了直後には執刀医から報告を受け、全身麻酔からぼんやりと意識の戻ったMさんの手を握り、「よく頑張りましたね」と思わず目頭を熱くして、病院を後にしました。

　「契約」という関係ですが、ここではまさに家族の気持ちになっているのです。

　その後、一度は自宅に戻ったMさんですが、すでにガンは他の複数の臓器に転移しており、余命半年の宣告を受けたMさんは、「尊厳

信託」の契約受託団体にいく
つかの依頼をしました。

　Mさんは、できる限り在宅
医療を使って自宅で最期を迎
えたい、相続で誰かに財産を
残す必要もないから、余命を
考えれば24時間訪問看護でひ
と月数百万円かかってもいい、とおっしゃいました。

　母親は、身体は不自由だがまだ年齢相応の理解力はあるから、独り
残される母親とも自分と同じ「尊厳信託」の契約を結んでほしいとお
っしゃいました。

　そこで、すぐに24時間対応の訪問看護事業者を手配した矢先に、
Mさんは自宅で急変して亡くなってしまいました。

　Mさんご自身の亡くなった後のことについては、すべて契約済みで
したので、順調にMさんの希望通りに進めることができました。

　母親のことについても、兵庫県の特養を訪問してMさんの最期をお
伝えし、身元保証人がいなくなった母親がここに居続けるためには、
Mさんと同じように母親も「尊厳信託」の契約をしなければならない
こと、そのための費用はMさんが残してくれていることを説明しまし
た。

　無事に「尊厳信託」の契約を済ませたMさんの母親は、1年後に老
衰で亡くなりました。母親の亡くなった後のことも、何の問題もなく
関わることができました。

　この事例では、母親が90歳超というご高齢とはいえ、何とか契約
内容を理解できるだけの判断力を有していたことが救いでした。

　もしこの時点で母親の認知症が進行していたら、契約をすることが
できず、何十年も交流のなかった母親の兄弟や甥姪を探し出して協力
をお願いすることから始めなければならなかったところです。

事例 **3** 交通事故で入院したが、家族不在で保険会社とのやりとりもできず

　身寄りのない60歳代中ごろのＮさんが、原付バイクを運転していたところを乗用車と衝突して、頚椎損傷により首から下がまったく動かせなくなり、人工呼吸器も装着しているが、判断力は残っているという事例でした。

　緊急搬送された病院では、すでに半年が経過して、これ以上はこの急性期の病院での治療は難しいという時期になっていたものの、家族がいないために交通事故の件で保険会社との交渉もまったくできておらず、治療費・入院費の支払いの見込みもないということで、困り果てていたようです。

　この件では、Ｎさんがこちらの言うことを理解する能力はしっかり残っているようだということ、加えてＮさんの持っていた預貯金通帳の残高から一定の資産を保有していることが判明していたことが鍵となり、この状態であくまでも特例ですが、「尊厳信託」の契約締結を試みることになりました。

　地元の公証人に病室まで出張してもらいＮさんの尊厳を守るための契約内容をゆっくりとＮさんに説明し、Ｎさんの表情や目の動き、首の動きなどから、Ｎさんも「尊厳信託」の契約の必要性を理解し、契約することを希望していると公証人も判断し、公証人がＮさんの署名を代筆して、公正証書による契約締結に至りました。

　これで、「尊厳信託」の契約を引き受けた団体がＮさんの家族の代わりとして動くことができるようになります。早速、交通事故案件に強い弁護士を病室に連れて行き、交通事故の処理について委任するように手配をしました。

　また同時に、転院先の療養型病院とも打合せを行い、転院の手続も行いました。

　こうして、半年間止まっていたすべてのことが動き出したのです。

　この事例では、たまたま交通事故にあったNさんが、身体的に大きな痛手を負いながらも理解力は残存していたので、事故後に「尊厳信託」の契約を締結することができました。

「尊厳信託」

　今後、両親はすでに他界、一人っ子で育って未婚だという人が、交通事故にあったり脳卒中で急に倒れたりしたときには、このような事例はいろいろなところで頻発するのではないでしょうか。

　不幸中の幸いでたまたま上手く条件が揃っていたので、事故後に対応が可能となった特殊な事例ですので、とにかく元気なうちに備えておくことの必要性を痛感させられます。

第1部　「エンディング期」のおひとりさま事件簿　解決編

事例 **4** 夫婦の形勢逆転はいつでも起こり得る

　認知症が進行してしまった妻を支えていた夫が、急に脳梗塞により意識消失してしまったというSさんご夫婦。

　Sさんご夫婦は、まだ2人で元気に千葉県内の一戸建ての自宅で暮らしていたときに、すでにもう何十年も行き来のない夫婦お互いの兄弟姉妹や甥姪の世話にはならないと決めて、「尊厳信託」の契約を締結していました。

　こういう契約をするつもりだということを、会社員のときからの仲の良い友人に話してみたところ、「そんな契約なんて、高い金を払ってまで必要ないよ。困ったときは、俺も何とか力になるし、イザとなれば兄弟たちだって動いてくれるさ」という答えだったそうです。

　Sさんは、「なんの正式な約束もしていない友人が、どんな力になってくれるというのか。兄弟たちだって、どっちが先に弱るかわからない。子どものいない夫婦の気持ちは、子どものいる夫婦には理解できないんだなぁ」と感じたといいます。

　さてその後、妻に認知症の症状が出始めて、自宅での生活が難しくなってきたと感じ、老人ホームの夫婦部屋に転居して心地よく過ごしていたSさんですが、妻の認知症が悪化の一途を辿っていった矢先に、夫が急な脳梗塞で意識消失してしまいます。

　まったく意識が戻る見込みのない夫の今後の療養場所について、重度の認知症の妻が決められるわけはありません。夫も妻もまったく自分たちのことが判断できない、財産管理もできない状況に陥ってしまったのです。

　幸い、ご夫婦ともに「尊厳信託」の契約を済ませていたので、その中に組み込まれている任意後見契約の効力を発生させる手続を、2人同時に行いました。成年後見の申立てと違って、ご夫婦それぞれの兄

弟姉妹たちに連絡したり
協力を仰いだりする必要
は一切ありません。

　その結果、「尊厳信託」
の契約受託団体が法人と
して、ご夫婦それぞれの
任意後見人に就任し、家
庭裁判所が選任した任意
後見監督人の弁護士による監督を受けながら、ご夫婦の財産調査を行
い、妻がこの先も入居中の老人ホームの費用を支払い続けられる状況
を確認したうえで、夫の療養に使える資産を割り出していきました。

　その半年後に、頑張っていた夫が一度も目を覚ますことなく息を引
き取り、妻は夫が亡くなったことも理解できずにいました。

　準備万端な夫は、「私の財産をすべて妻に相続させる」という内容
の公正証書遺言を書いていたので、法定相続人となる夫の兄弟や甥姪
たちに遺産を配分する必要もなく、夫の遺産はすべて任意後見人が管
理する妻の財産となり、夫の遺族年金の支給を受けることもできるよ
うになった妻は、今も夫の用意してくれた老人ホームで穏やかに過ご
しています。

　このように、何事にも準備万端だったSさんご夫婦のような方は、
まだまだ珍しいのかもしれません。しかしもしこの事例で、事前に
「尊厳信託」の契約もなく、一戸建ての自宅に住んだままの状態でこ
のような状況になったとしたら……ということを想像すると、恐ろし
くさえなってきます。

事例 5 誰にでも可能性のある孤独死

　ひとり暮らしの人が自宅で急に亡くなっているいわゆる「孤独死」と言われるケースは、日常茶飯事で起こっているのが実際です。

　人は必ず死ぬのですから、それがたまたま自宅にひとりでいるときだったというだけで、なぜ「孤独死」という名称で、しかも「可哀そう」という憐みを持って語られるのでしょうか。

　自宅にひとりでいるときに亡くなることは、決して可哀そうなことでも哀れなことでもありません。問題は、自宅で亡くなったところを、すぐに見つけてくれる人がいないというところにあるのです。

　Kさんに関しては、ご自分が家族との確執があったことを自覚しており、元気なときに「尊厳信託」の契約を済ませていたため、結果として、亡くなった後の事務のことで何十年も音信不通だった息子さんたちに迷惑をかけることにはなりませんでした。

　もちろん「尊厳信託」の契約を引き受けた団体は、契約者の生活を365日24時間見守ることができるわけではないので、ひとり暮らしの人が自宅で倒れたり亡くなったりしたときに、できるだけ早期に発見できるような手立ては考えています。

　その一つが、警備保障会社との提携です。通常は防犯への備えとして、留守宅に誰かが侵入しようとするとセンサーが察知して通報されるという仕組みですが、孤独死対策としてはその逆転の発想で、在宅モードになっているのにトイレの前を10時間以上通らなかったら通報される……といった仕組みとなっています。

　こうした生活リズムセンサーを導入していれば、Kさんも亡くなった翌日には発見できたかもしれません。しかし、「監視されているのが嫌だ」という理由で、Kさんは頑なに生活リズムセンサーの導入を拒んでいました。

これまでの人生で起こったことについては、本当にその人それぞれであり、家族との関係も当事者でないとわからないことだらけです。

今は「個の時代」と言われるくらいですから、「家族だから、葬儀を出さなければならない」「家族だから、お墓を手配しなければならない」という呪縛からは、もう解き放たれてもよいと思います。

Kさんの息子さんたちも、実の親の遺骨の引取りを拒否したことを、決して責められるべきではないでしょう。

それでも自分は、やはり愛する家族のために葬儀を出してやりたい、大事な家族が眠るお墓を守っていきたいと考える人は、そうやっていけばよいのです。

これまでの家族が大前提であった「エンディング期」の原則を改めて、多様化したいろいろな価値観や考え方を認めていくべき時代が到来しているといえるのでしょう。

第**1**部 「エンディング期」のおひとりさま事件簿 解決編

事例 6 ペットだけが自分の家族

　猫を4匹飼っていた80歳代前半のＹさんが、猫が走り回る自宅で急に亡くなってしまった事例では、猫のその後がどうなったのかということが気になるところでしょう。

　まずＹさんは、夫が亡くなった数年後に、頼れる家族がいないということを自覚して、「尊厳信託」の契約を済ませていました。

　ですから、Ｙさん自身の認知症が進行して、ご自分のお金の管理ができなくなったり、必要な支援を受けるための判断ができなくなったりしたときは、任意後見契約の効力を発生させて、「尊厳信託」の契約を引き受けた団体が家庭裁判所の審判を得て任意後見人に就任すればよいのです。

　この事例では、任意後見契約の効力を発生させようと準備していた途中で、Ｙさんが急死してしまいました。亡くなった後については、死後事務委任契約がありますから、Ｙさんが希望していた葬儀や納骨、事務手続を、「尊厳信託」の契約を引き受けた団体が、家族の代わりに粛々と進めていくことになります。

　実はこの死後事務委任契約のなかで、Ｙさんからは、「死亡後に猫が残っていたら、しかるべき飼育をしてくれる人か団体を探して、飼育を依頼してほしい」という委任事項があったのです。

　しかも、この猫たちには、Ｙさんが残した公正証書遺言のなかで、「持参金」が付されていました。

　具体的にいうと、「死亡時に自宅で飼育している猫すべてを引き取って、猫が亡くなるまで飼育してくれる人又は団体に、遺産のすべてを遺贈します。引き取ってくれる人又は団体は、遺言執行者が死後事務受任者と協力して選定してください」という趣旨の内容です。

　猫そのものに遺産を配分することはできないので、猫を飼育してく

れる人又は団体に遺産を配分するという方法です。

　ここまで準備されていたので、引取り先が決まるまでの間の一時的な猫の生活場所となるペットホテル等を手配することと、実際の引取り先を選定することを同時並行で進めていきました。

　予想外に苦労したのが、Ｙさんの自宅で自由気ままに素早く動き回る猫たちの捕獲です。「尊厳信託」の契約受託団体の職員たちが、Ｙさんの自宅で四苦八苦して猫たちと格闘し、2日がかりで合計4匹を、ペットホテルに移動させました。

　その後、約3週間の時間をかけて、全4匹を死ぬまで面倒を見てくださるという保護団体を探し当て、無事に引渡しを終えました。

　この団体は、1匹につき8万円の寄付と移送費3万5千円という良心的な価格を提示してくださいましたが、Ｙさんの遺言による意思がありますので、当然に遺産の全額を寄付することとなりました。

　人間の子どもと違って、ペットは独り立ちできません。愛するペットを、責任を持って最期まで面倒を見るためには、あなたご自身がペットより先に「エンディング期」に突入してしまうリスクに対し、Ｙさんのようにしっかりと備えておくことが大切です。

あなたの人生に寄り添ってくれるパートナー 「subME」とは？

　ここまでは、「エンディング期」を家族に頼らずに迎えるあなたが、適切な判断ができなくなったときに備えて、あなたが信頼する人や団体に、あなたの尊厳を「書面にして」託しておくことを前提にしています。

　そのうえで、あなたがお元気なうちに、できるだけその託した人や団体と関わり合いを持って、あなたのことを理解してもらうのが理想であり、そういった情報の蓄積を総合して、実際にあなたが判断力を失ったときの「意思決定支援」の材料にしようとするものです。

　現時点では、尊厳を託された人や団体も、そのようなやり方を採らざるを得ないのですが、今後予想される単身高齢者の急増に対し、民間の団体だけでどこまで対応できるのでしょうか。急増する契約者に対し、本当の意味で尊厳を守ることができる質の高いサービスを、提供しつづけられるのでしょうか。かといって、行政サービスとしてこのようなことが、所得制限などなしにすべてカバーできるとも思えません。

　そこで、AI技術の活用が期待されています。

　2019年に日本総研創発戦略センターのスペシャリスト沢村香苗氏によって、「単身高齢社会を生き抜くためのサイバー空間利用 ―自分の代理人「subME」―」という論文が発表されました。

　その論文の要約のなかでは、「本人の意思が表明できなくなっても、周囲が本人にとって『ふさわしいこと』を検討できるようにするためには、個別の意思決定の結果よりも、意思決定に深く関与する価値観、選好、過去・現在・未来の目標といった主観的情報を残しておくことが有用である」と書かれており、「高齢者が自らの意思決定を継続し、自らの望む人生を全うするための意思決定および実行支援の仕組みを提案」するとしています。

その仕組みとは、「最終的には他者が介在することを前提として個人の意思決定を段階的に開いていくこと、つまり意思決定のコア情報となる主観的情報を蓄積し、必要に応じて情報を共有し活用できるための仕組み」であるということです。

　私は、従来のやり方で、これからもなんとか質の高い人手を確保しながら、家族に頼らずに「エンディング期」を迎える人たちに寄り添っていくことばかり思い描いていたので、この論文に大変感銘を受けました。

　あなたが適切な判断ができなくなったとき、従来のやり方であれば、あなたが元気なときに書き残していた書面や、あなたとあなたの支援者がやりとりした記録などを照らし合わせながら、あなたの書面に書かれた希望が叶うのならその通りに、残された書面だけでは判断しにくい場合は、あなたのその時の意思を推し量って、「エンディング期」のあなたを支援していくというものです。

　そこには、あなた自身の時間とともに変遷する希望が織り込まれているとは限りませんし、意思決定の支援をする側にも常に「これが本当にあなたの望んでいることなのか？」という迷いがつきまとい、この仕事を難しくしている一因でもあります。

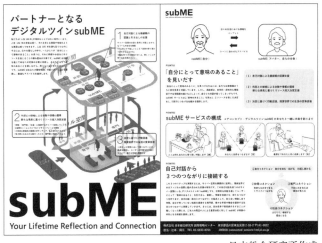

日本総合研究所作成

そこで、この「subME」というAIロボットの出番です。あなたがまだ「自立期」にいるときに、しかもできるだけ早い時期から、「subME」ロボットと日常的に会話を楽しめばよいのです。つまり、「realME（現実の私）」と「subME（私の代理人）」との間で、長年にわたって対話が蓄積されていくのです。

　「subME」は、あなたに日々いろいろな質問を投げかけてくるでしょう。同じ質問であっても、あなたの返答は、天気によって変わるかもしれない、5年後にはまったく変わっているかもしれない、そういうあなたの考え方、思考回路、好み、精神状態など、すべてをあなたの情報として蓄積していってくれるのです。

　そして、あなたがいよいよ「エンディング期」に足を踏み入れたときは、認知症の兆候を一番早く気がついてくれるのは、「subME」になるし、あなたが自宅で倒れているのを発見してくれるのも「subME」になるでしょう。

　沢村氏の論文によると、「エンディング期」に突入したときに、「ユーザーの機能が低下してきた時（活用フェーズⅠ）」と「ユーザーの機能が相当低下してきた時（活用フェーズⅡ）」という2つの段階を想定し、それぞれの場面で、誰にどの情報を共有してもらうのかということも決めて登録しておくのだそうです。

　そうすれば、あなたとの会話によって蓄積された情報だけでなく、財産関係の情報、医療関係の情報も、必要なときにだけ必要な支援者が利用することができるようになるはずです。

　今後、日本でも超高齢社会がさらに進展していくことは明白で、高齢者を支える若年層の負担は増していく一方です。**人が人を支えるというぬくもりは最後の砦として残しつつ、不足する人手を補ってくれるということと、判断力を失った人の意思を代弁し、その人が最後まで自分らしく生きて自分らしく死んでいくための支援ツールとなることという、「subME」に期待される2つの役割はとてつもなく大きなもの**だと期待しています。一日も早く「subME」の開発が進み、実用化されることを願っています。

第2部

家族に頼らないと決めた人のためのお金・相続・税金の知識

1 自分で管理ができなくなった ときのお金のこと

これまでのあなたの人生において、お金というものは、常にあなたの身近にあり、良くも悪くも一貫してあなたの関心事だったことでしょう。お金がなければ生活していけないのですから、それは当たり前のことです。

ところが、「エンディング期」を迎えたときには、今のように自分自身であなたの財産をすべて把握し、必要な支出を行うことはできなくなってしまいます。

どのような状況が想定されるのでしょうか。ケースごとに見ていきましょう。

▶お金のこと
　……自分で判断できなくなったとき（認知症のとき、死亡したとき）
　　には、後見制度と遺言により、希望を実現する

	事前準備なし	事前準備あり
認知症	**法定後見** ４親等以内の親族が申立て 家庭裁判所が後見人選任	**任意後見** 将来の判断力喪失に備え、 希望する人（法人）に**任意後見人** になってもらう予約をしておく
死亡	**法定相続** 法定相続人に法定の相続分 相続人同士の希望により 遺産分割協議は可能	**遺言** （公正証書、自筆証書） 希望する財産の配分を実現 **遺言執行者**を選任しておく

● 子どもがいない場合の相続では、配偶者だけでなく、生存する親・兄弟姉妹・甥姪も相続人になる。

　存命中、病気療養しているときのお金のこと
（フレイルの時期）

　あなたが病気で長期間入院してしまったとして、自由に身体を動か
せるような状況ではなかった場合には、入院費の支払いはどうなるの
でしょうか。最近は、クレジットカード払い等に対応してくれる病院
が増えてきているので、入院中でも頭のはたらきさえ鮮明であれば、
入院費の支払いは可能かもしれません。

　しかし、高齢者の入院中には、せん妄という一時的に意識障害や認
知機能の低下が起こる症状が出やすく、支払いに苦慮することも多い
ようです。入院費だけでなく、入院中に必要な物品の購入や、留守宅
に届く請求書などへの対応など、元気なときには何でもないことが、
病気療養中には気力体力の低下により難しくなることが多くあります。

　また、直接的な金銭のことだけでなく、長期療養中には、留守宅の
ペットのこと、大切に育てている植木や観葉植物のこと、毎日朝晩届
いてしまう新聞のこと、定期的に届く通信販売の商品やその支払いの
こと、その他の郵便物のこと、町内会の回覧板のことなどなど、あな
たが気にかかることは数多く出てくることでしょう。

　そんなときには、次の事例に登場する女性のように、「尊厳信託」
のための３つの契約のうちの１つである委任契約（87ページ）さえ
あれば、「尊厳信託」の契約を引き受けてくれた人や団体が、あなた
の気に掛かることを代行してくれるでしょう。

〔事例〕
....

　以前、検査結果を聞きに行くだけと思って病院に行ったら、即刻入
院となってしまい退院の見込みが立たなくなったひとり暮らしの60
歳代後半の女性から、「自宅の炊飯器のスイッチを切ってきてほしい」
「回覧板をお隣に回してほしい」「ついでにお隣さんに、入院中だと伝
えてほしい」「雨戸をすべて閉めてきて来てほしい」「通帳とキャッシ

ュカードを持ってきてほしい」と、留守宅の心配事を矢継ぎ早に頼まれたことがあります。

ご自宅の鍵をお借りして、複数人でご自宅に入らせていただき、すべて依頼されたことを片付け、また病院にご自宅の鍵をお返しに伺ったところ、とても安心されていたことを思い出します。その直後には、病院内の銀行ATMからお金を引き出したり振込をしたりしていたそうですが、その女性は病状が急激に悪化し、1週間後には意識が朦朧としはじめ、2週間後にお亡くなりになりました。

新型コロナウイルスが急激に重症化するような事例では、そんなことも頻繁に起こりえるのだと、今になってその時の女性のことを思い出しています。

さらに、もしあなたが入院したら日額5,000円の保険金がもらえる入院保険に入っていたとして、そのことをしっかりと記憶していて、退院してからでも自分で手続ができればよいのですが、徐々に判断力が低下していってしまうような状況であったとしたら、せっかく掛け金を支払い続けてきた入院保険の請求をしないままになってしまう可能性もあります。

② 存命中、認知症その他の要因により判断力が低下したときのお金のこと（後見の時期）

いよいよ認知症が進行して、30分前に話したことも記憶していられないような状況になったときには、自分自身の預貯金がどこの銀行にいくらくらいあって、年金はどこの銀行にいくらずつ入ってきて……などということは頭の中の関心事からは消え去ってしまい、当然、キャッシュカードの暗証番号も思い出せなくなっているでしょう。

過去の習性により、預金通帳が自分にとって大切なものだという意識は残っているので、「大切なものを失くしてはいけない」という思

第2部　家族に頼らないと決めた人のためのお金・相続・税金の知識

いから、預金通帳や印鑑を今までと違うところに隠してしまう認知症の方は多いのですが、多くはその翌日には、保管場所を変更したことそのものを忘れてしまいます。

「私の部屋に誰かが侵入して、私の預金通帳と印鑑を盗んだ」と信じ込んでしまうというトラブルは日常茶飯事です。預金通帳が自分にとって大事なものだということは覚えていて手離したくはないのですが、その中身や使い方についてはわからなくなってしまっているのです。

〔事例〕

ずっとひとりで逞しく生きてきた90歳代の女性は、まだまだ女性が男性と肩を並べて働くのも珍しかった時代に、定年まで一流企業で勤めあげ、慎ましやかな生活をされていたので、1億円を超える多額の預貯金をお持ちでした。年金も月額23万円程度とかなり多くもらっていましたので、老後の生活にはかなり余裕があるはずです。

90歳代も半ばになり、一人での買い物や入浴などが難しくなってきていたので、介護保険を使ってまずは週1回でも介護ヘルパーを入れようという話になったのですが、1割負担で1か月数千円の費用がかかるとお話しすると、「そんなに高い金を毎月とられたら、生活できなくなってしまう！」と激高され、介護ヘルパーの契約を拒否するのです。自分にとって必要なことの判断ができなくなってしまっている例です。

このような状況のときにこそ、介護保険でケアマネさんやヘルパーさんとの契約が新たに必要になったり、老人ホームへの入居を検討することが必要になります。

ところが、認知症が進んでしまっていると、契約内容を理解して新たな契約を締結したり、自分の収支状況や資産状況に見合っていてか

つ自分の要介護状態に適した老人ホームを選定したり、そのための引っ越しの準備や入居金支払いなどのお金の準備など、家族の支援なくひとりでできるはずはありません。

契約締結や財産管理といったあなたにとって重要な行為を、判断力を失ってしまったあなたに代わって行うためには、法律で定められた後見制度を利用しなければなりません。

後見制度については90〜99ページを参照してください。

③ 死亡後のお金は遺言書と遺言執行者の指定で準備

あなたが、亡くなった後のお金のことを何の準備もしないまま亡くなったとしたら、あなたの名義で残ったお金は、無条件で法定相続人に引き継がれます。

法律で決まった法定相続割合で分けられることになるか、もしくは法定相続人全員で遺産分割協議という話合いをして、配分の仕方を決めることになりますが、いずれの場合も、あなたの意思や希望はそこには存在しないのです。

子どものいない夫婦は要注意

注意しなければならないのは、子どものいない夫婦の場合です。夫が亡くなれば、住んでいた家も含めて妻が相続するのは当然だと思いがちですが、この夫婦に子どもがなく、両親もすでに他界しているとすれば、夫が亡くなったときの法定相続人は、妻だけではなく夫の兄弟や甥姪も含まれます。

夫に先立たれた妻が、夫側の兄弟や、もし先に亡くなっている兄弟がいればその子どもたちである甥姪たちと、遺産分割協議をしなければなりません。

その場合、もし夫婦で住んでいた家が夫の名義になっていたとすれば、その家の名義も当然に今も居住している妻のものになるわけでは

なく、夫の兄弟や甥姪も含めた遺産分割協議の対象になってしまいます。

　家の名義をすべて妻のものにしたとすれば、その代わりに夫名義だった預貯金は、夫の兄弟や甥姪に多く渡さなければならなくなるかもしれません。

　近年の民法改正では、「配偶者居住権」という新しい制度も誕生しましたが、子どものいない夫婦の場合では、そんな制度を利用するよりは、後述する「遺言」を書いておくことで妻の余生の生活を守ることができるので、ぜひ活用してください。

　「俺の兄弟が、俺の妻の住む家を取り上げるようなことをするはずがない」などと構えているご主人がいたら、現実はそんなに甘くないと伝えてあげてください。幼いころから一緒に育ってきた兄弟であっても、それぞれの配偶者がそのときにどんな働きかけをするのかは、その時になってみないとわかりません。

　しかも、兄弟が先に亡くなっていたときには、その子どもである甥姪が交渉相手になります。甥姪の配偶者まで巻き込んでの遺産分割協議は、残された奥様にとっては、大変な心労になってしまうのではないでしょうか。

2 家族に頼らないと決めたときに書く
遺言

遺言書といえば、「資産家が準備するもので、一般人には必要ない」という方がたくさんいらっしゃいます。でもこれは間違いです。遺言書は財産をどう分けるか、どう処分するかを記載するもので、財産のあるなしは関係ありません。

いま仮に1万円、自分の意思に反する使われ方をしたらどうでしょうか？　ほぼ全員の方が「損をした」とか「それなら○○に使ったのに」と思われるのではないでしょうか。

それと同じです。生前に一生懸命に築いてきた資産を、自分が亡くなったときに勝手に意に添わぬ使われ方をしたら、きっと「それならこうしたのに……」と思うはずです。だからこそどうしたいのか、どうして欲しいのか、その思いを実現するのが遺言書なのです。

遺言書がなければ、親族間で争いになるかもしれません。お金で揉めると、その後の親族関係は最悪な状況になってしまう可能性があります。自分が亡くなった後、無用な争いで親族関係が悪くなることなど、いちばん望まないことではないでしょうか。そのような悲しい結末にならないよう、人生の集大成として必ず遺言書を準備しておきましょう。

ただ残念ながら、遺言書の様式は厳密に制定されており、ひとつもその要件を欠いていると、遺言書そのものが無効となってしまうこともあります。また「相続させる」「遺贈する」のような文言ひとつも、その言葉の裏側にある法律問題を含んでいるのです。

せっかく準備した遺言書が無効にならないよう、注意しましょう。

1 自分の相続人は誰か？

　遺言書を作成する前に、まずは自身の相続人が誰かを把握することが必要でしょう。

▶法定相続分

	子どもがいる	子どもがいない
配偶者　2分の1	子ども　2分の1 (数名いる場合は合わせて)	
配偶者　3分の2		直系尊属　3分の1 (数名いる場合は合わせて)
配偶者　4分の3		兄弟姉妹　4分の1 (数名いる場合は合わせて)

　子どもがいる場合、子どもがまず第一順位の相続人です。数名いる場合には相続分は人数で案分となります。嫡出子も非嫡出子、養子も皆同じ比率です。離婚して別れた相手方が子どもを連れて行ったから、そのお子さんに相続分はないと誤解されている方はいらっしゃいますが、そこは相続人になりますのでご注意ください。

　子どもがいない場合には、直系尊属が第二順位となります。実の両親や養親も同じ比率です。数名いる場合には人数で案分です。子どもがいない、直系尊属が全員亡くなっている場合には、兄弟姉妹が第三順位となります。すでに兄弟姉妹が亡くなっている場合には、その子どもが代襲相続人となります。配偶者は常に相続人となります。

　こうして相続人の法定相続分は、決まっています。この割合を変更するのは、遺言書で相続分の指定をするか、相続人全員で遺産分割協議をして決めるかです。相続財産のなかで、お金は分けることができますが、残念ながら不動産は切って分けることができません。日本の

場合には不動産が相続の主要財産であることが多く、そのために遺産分割の話し合いが難航するのです。相続人全員で話がまとまらなければ、共有となってしまいますが、不動産の共有はのちのち売却をはじめとするさまざまなシーンで意見が分かれて揉める元になってしまいます。そのため特に不動産を持っている人は、亡くなった

後に相続人同士が揉めないように遺言書を書き、相続分を自分で指定することが望まれるのです。

　何度も言いますが財産が多い、少ないに関係ありません。自分の財産はどう分けたいのか、決められるのは自分だけです。残された人に託してしまうと、話がこじれて思わぬしこりを残してしまうこともあるでしょう。また相続人以外に自分の財産を渡したいと思うと、生前に贈与するか、遺言書のなかで明記して遺贈するしかないのです。人は自分がいつ死ぬかわかりません。そのため生前の金銭贈与は、よほど財産に余裕がなければ「生きていくのにお金が足りない」となりかねず、なかなか実行できません。

　だからこそ自分が亡くなった後、財産を相続人でどう分けて欲しいか、遺贈もするのかを明記するなど遺言書に残しておくことが重要になるのです。

　エンディングノートを書いたからいい、と言う人もいますが、エンディングノートには法的拘束力はありません。これは遺言書を作成するにあたっての前段階、頭の整理にはなります。自分の思いつかなかったことを、考えるきっかけにはなります。ただあくまでも「ノー

ト」であるため、きちんと遺言書を残しておきましょう。

　ここから具体的に、遺言書のことを解説していきたいと思います。

2）遺言書には種類があるの？

　遺言書には大きく分けて3種類あります。公証役場が関与する公正証書遺言と秘密証書遺言、あとは自分で作成する自筆証書遺言です。この他にも急迫の事態が迫っている時の「特別方式」での遺言書もありますが、一般的に使われるケースは稀なので、ここでは公正証書遺言、秘密証書遺言、自筆証書遺言について説明していきます。

1　公正証書遺言

　公証役場で証人2名以上の立会いのもと、公証人の面前で調印します。原本が公証役場に保管されるので、安全で確実です。公証人が遺言者の意思を確認していきますので、「内容」や「意思能力」を争われる可能性は低くなります。出張料は必要となりますが、公証人に来てもらうこともできます。

　平成元年以降に作成の遺言書は、全国の公証役場に遺言書が保管されているかどうかの検索をすることができるようになりました。これによって遺言書があるかどうかわからない場合でも、簡単に確認していくことができます。

2　秘密証書遺言

　公証人と証人2名の前に自分で封印した遺言書を提出して、公証人らが署名押印します。遺言書を作成していることはわかりますが、内

容は秘密にしておくことができます。ただし遺言書を、公証役場で保管するわけではありません。また公証人は遺言の内容をチェックするわけでもありませんので、万が一形式に不備があった場合、効力が無効となってしまう可能性もあります。

3 自筆証書遺言

　文字通り、財産目録以外すべて自分で手書きします。今すぐにでも作成することができ費用もかからないためお手軽ですが、法的な様式を備えていないと無効になる可能性があることと、発見されにくい、偽造・隠匿のおそれがあります。また本人が書いたものかどうか、内容も「書かされたものではないか」等、後日争われる可能性があります。

	公正証書遺言	秘密証書遺言	自筆証書遺言
メリット	公証人がひとつひとつ確認していくので、効力そのものを争われる可能性が低い	署名以外自書でなくてよい 遺言者の遺言として立証できるので争いを避けられる 遺言の内容を秘密にできる	他の人に知られず費用もかからない いつでもすぐに作成することができる
デメリット	公証人への手数料が必要 遺言の内容を公証人や証人に知られてしまう 公証人とのやりとりが必要なので、敷居が高く感じてしまう	公正証書遺言よりは安いが、費用がかかる 保管を自分でしないといけないので、見つけてもらえない可能性がある	効力を争われたり、遺言書を隠されたり、改ざんされる可能性がある 財産目録以外は自書なので、自書できない場合には、利用できない
家庭裁判所の検認※1	不要	必要	必要 法務局保管制度利用の場合は不要※2
証　人	2人必要	2人必要	不要
遺言書の開封	自由に	封印のある遺言書は、家庭裁判所において相続人等の立会いをもって開封する	家庭裁判所で相続人等立会いのもと、開封しなければならない

※1　家庭裁判所の検認

　遺言書の保管者又は発見者は、遺言者の死亡を知った後、遅滞なく遺言書を家庭裁判所に提出して、その検認を請求しなければなりません。検認とは、相続人に対して遺言の存在及びその内容を知らせるとともに、遺言書の形状、日付、署名など検認の日現在における遺言書の内容を明確にして遺言書の偽造・変造を防止するための手続であり、遺言の有効・無効を判断する手続ではありません。なお、検認を受けなくても遺言そのものの効力に影響はありません。

※2　自筆証書遺言書法務局保管制度

　2020年7月10日から始まった保管制度。遺言者本人が出向き、法務局に保管してもらいます。この場合には検認手続は不要です。ただし遺言書の内容までは法務局は精査しないので、様式の不備で無効になる可能性はあります。遺言者が亡くなったとき、遺言書が保管されているかどうか検索することはできます。

③　自筆証書遺言の書き方

　何と言っても気軽に今すぐ作成できるのは、自筆証書遺言です。ただ検認手続が必要だったり、改ざんや隠匿の可能性もありますが、推定相続人が少なく、争いの可能性が少ない場合には利用するのもいいかもしれません。またお子さんのいないご夫婦の場合、兄弟姉妹に遺留分がないため配偶者にすべて相続させたいと思っても「わざわざ公正証書遺言までは」と感じられる方には、気軽に利用できるためよいかもしれません。さらには公正証書遺言の調印までの間に万が一のことがあったらどうしようと心配な方は、自筆証書遺言を書いておくと安心でしょう。ただ財産目録以外はすべて手書きしなければならず、字が書けない状況であれば作成することはできません。

- ボールペンまたは万年筆。鉛筆は消してしまえるので使えません。
- 紙。どのような紙でも大丈夫ですが、法務局に預かってもらう場合はA4サイズと決まっています。

書き方

遺言書の書き方は細かくルールが決められています。公正証書の場合は公証人に任せておけますが、自筆証書と秘密証書の場合は、このルールを守らないと遺言書の効力そのものが無効となってしまいます。

- 財産目録以外は全文を自分で手書きします。
- 日付は必ず年月日を明確に書きます。西暦・元号どちらでも構いません。
- 「吉日」は無効となります。
- 署名と押印をします。
- 署名は戸籍上の名前を書き、押印は実印でなくて構いません。
- 遺言書が数枚になる場合には必ず契印（割り印）をします。
- 訂正は厳格な方法が定められているので訂正するより書き直すほうが無難です。
- 夫婦で1通の遺言書を作成することはできません。各人がそれぞれ作成します。
- 法務局で保管してもらう場合には封をせずに持っていきます。
- 法務局で保管してもらう場合には、166・167ページの様式に沿って余白部分もとってください。法務局で保管しない場合は、余白等関係なく書くことができます。
- 不動産は住居表示ではなく、登記事項証明書通りに記載しましょう。
- 相続人に対しては「相続させる」、相続人以外に対しては「遺贈する」、文言にも気を付けます。

🔍 法務局で保管してもらう遺言書の様式の注意事項

以下は，本制度で預かる遺言書の形式面での注意事項です。
遺言書保管所においては，遺言の内容についての審査はしません。

財産の特定のためには，遺言書に財産目録を添付いただいた方が確実です。

推定相続人（相続が開始した場合に相続人となるべき者）には「相続させる」又は「遺贈する」と記載します。
※推定相続人に対して，財産を「相続させる」旨の遺言をする場合は，遺言書の保管申請書の【受遺者等・遺言執行者等欄】に記載する必要はありません。
※推定相続人に対して，財産を「遺贈する」場合は，遺言書の保管申請書の【受遺者等・遺言執行者等欄】に受遺者として，その氏名等を記載してください。

推定相続人以外の者には「相続させる」ではなく「遺贈する」と記載します。
※推定相続人以外の者に対して，財産を「遺贈する」場合は，遺言書の保管申請書の【受遺者等・遺言執行者等欄】に受遺者として，その氏名等を記載してください。

※遺言執行者については，遺言書の保管申請書の【受遺者等・遺言執行者等欄】にその氏名等を記載してください。

署名＋押印が必要です。
押印は認印でも差し支えありませんが，スタンプ印は避けてください。

内容を変更する場合には，その場所が分かるようにして，変更した旨を付記して署名し，変更した場所に押印をする必要があります。
変更が煩雑になる場合や心配な場合には，書き直すことをお勧めします。

遺言書を作成した年月日を記載してください。「○年○月吉日」などの記載では保管することはできません。

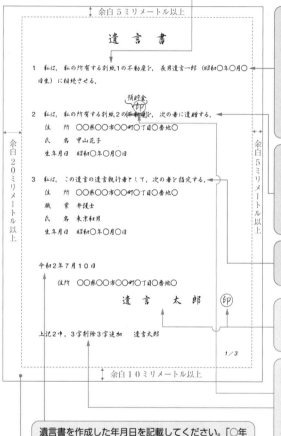

用紙は，Ａ４サイズで，文字の判読を妨げるような地紋，彩色等のないものを使ってください。
財産目録以外は全て自書する必要があります。
長期間保存しますので，ボールペン等の容易に消えない筆記具を使ってください。
ページ数の記載や変更の記載を含めて，余白部分には何も記載しないでください。
裏面には何も記載しないでください。

（出典）法務省ホームページ「自筆証書遺言書保管制度」
※保管しない場合でも書き方の様式は同じですので，参考にしてください。

（自書によらない財産目録の例）

通帳のコピーを財産目録として添付するときは，銀行名，支店名，口座名義，口座番号等が分かるページをコピーしてください。

不動産の場合には，所在，地番・家屋番号等により特定できれば，登記事項証明書の一部分やコピーを財産目録として添付してもかまいません。
※別紙1は，登記情報提供サービス（https://www1.touki.or.jp）を利用して印刷した例です。

財産目録は，自書する必要はありませんが，記載のある全てのページに署名＋押印が必要です。

遺言書本文・財産目録には，各ページに通し番号で，ページ数を自書してください。

遺言書は，左辺に2穴を開けて保管しますので，20ミリメートル以上の余白を確保してください。

用紙は，Ａ４サイズで，文字の判読を妨げるような地紋，彩色等のないものを使ってください。長期間保存しますので，財産目録としてコピー等を添付する場合には，感熱紙等は使用せず，印字が薄い場合には，印刷・コピーをやり直してください。
ページ数の記載や変更の記載を含めて，余白部分には何も記載しないでください。
裏面には何も記載しないでください。

（出典）法務省ホームページ「自筆証書遺言書保管制度」

法務局保管制度

　2020年7月から自筆証書遺言を法務局で保管する制度が始まりました。今まで自筆証書遺言は、遺言者が書いたものを仏壇や箪笥、机等に入れ、相続人に「あそこに置いてあるから」と伝えることが多かったようです。ただ検認手続が必要なのと、遺言書を見つけた相続人が隠匿してしまったり、遺言書が本当に本人が書いたものなのかどうか争いは絶えませんでした。

　法務局での保管制度は、本人が持って行って保管手続をしてもらうので、本人の意思で書いたものだろうと認識されます。ただ法務局は遺言書の内容の様式までは確認しませんので、無効にならないようしっかり作成しましょう。

　この制度がいいところは、遺言者が希望すれば、亡くなった場合に指定した人に対して「遺言書を保管している」旨の通知がされることです。亡くなった場合には、誰かが遺言書の内容を確認し、遺言書に書かれている内容に沿って執行するわけですが、亡くなった事実がわからなければできません。そのためこの通知制

度を利用すれば、自分が亡くなったことや遺言書があることも連絡してくれるので、ひとりで住んでいる場合等、とても安心でしょう。

　一方、手続は遺言書を作成する年代からすると、少しハードルが高いかもしれません。たとえばあらかじめ申請書を作成したり、申請の予約を入れたりしなければなりません。その後本人が法務局に出向き、保管手続の申請をします。公正証書の遺言書作成よりは費用はかかりませんが、比較的自分の手間もかかります。どちらがいいか、ご自身のスタイルに合わせて選択していきましょう。

遺言者が遺言書を預ける（遺言書の保管の申請）

保管の申請の流れ

1 自筆証書遺言に係る遺言書を作成する

注意事項をよく確認しながら，遺言書を作成してください。

2 保管の申請をする遺言書保管所を決める

🔍 **保管の申請ができる遺言書保管所**

遺言者の住所地
遺言者の本籍地
遺言者が所有する不動産の所在地
｝のいずれかを管轄する遺言書保管所

ただし，既に他の遺言書を遺言書保管所に預けている場合には，その遺言書保管所になります。

3 申請書を作成する

申請書に必要事項を記入してください。
申請書の様式は，法務省 HP（http://www.moj.go.jp/MINJI/minji03_00051.html）から
ダウンロードできます。また，法務局（遺言書保管所）窓口にも備え付けられています。

4 保管の申請の予約をする

5 保管の申請をする

次の㋐から㋔までのものを持参して，予約した日時に遺言者本人が，遺言書保管所にお越しください。

□ **㋐遺言書**
ホッチキス止めはしないでください。封筒は不要です。

□ **㋑申請書**
あらかじめ記入して持参してください。

□ **㋒添付書類**
本籍の記載のある住民票の写し等（作成後 3 か月以内）
※遺言書が外国語により記載されているときは，日本語による翻訳文

□ **㋓本人確認書類**（有効期限内のものをいずれか 1 点）
**マイナンバーカード　運転免許証　運転経歴証明書　旅券　乗員手帳
在留カード　特別永住者証明書**

□ **㋔手数料**
遺言書の保管の申請の手数料は，1 通につき **3,900円**です（必要な収入印紙を手数料
納付用紙に貼ってください。）。
※一度保管した遺言書は，保管の申請の撤回をしない限り返却されません。

6 保管証を受け取る

交付される保管証のイメージ画像 →

手続終了後，遺言者の氏名，出生の年月日，遺言書保管所の名称及び
保管番号が記載された保管証をお渡しします。

遺言書の閲覧，保管の申請の撤回，変更の届出をするときや，相続人等
が遺言書情報証明書の交付の請求等をするときに，保管番号があると便利
ですので，大切に保管してください。

遺言書を法務局（遺言書保管所）に預けていることをご家族にお伝え
になる場合には，保管証を利用されると便利です。

（出典）法務省ホームページ「自筆証書遺言書保管制度」

遺言者が預けた遺言書を見る（遺言書の閲覧）

　遺言者は，遺言書の閲覧の請求をして，遺言書保管所で保管されている遺言書の内容を確認することができます。閲覧の方法は，モニターによる遺言書の画像等の閲覧，又は，遺言書の原本の閲覧となります。

遺言書の閲覧の請求の流れ

① 閲覧の請求をする遺言書保管所を決める

🔍 **閲覧の請求ができる遺言書保管所**

> **モニターによる閲覧**
> 全国のどの遺言書保管所でも，閲覧の請求をすることができます。
> **遺言書原本の閲覧**
> 遺言書の原本が保管されている遺言書保管所でのみ閲覧を請求することができます。

② 請求書を作成する

　請求書に必要事項を記入してください。請求書の様式は，
　法務省 HP（http://www.moj.go.jp/MINJI/minji03_00051.html）
からダウンロードできます。また，法務局（遺言書保管所）窓口にも備え付けられています。

③ 閲覧の請求の予約をする

④ 閲覧の請求をする

　請求書を遺言書保管所に提出してください。

🔍 **閲覧の請求ができる者**
・遺言者本人のみ

🔍 **添付書類**　　🔍 **本人確認**
不要です。　　　遺言者の本人確認のため，運転免許証等，顔写真付きの身分証明書を提示していただきます。

※モニターによる閲覧の手数料は，1回につき **1,400円** です。
※遺言書の原本の閲覧の手数料は，1回につき **1,700円** です。
※必要な収入印紙を手数料納付用紙に貼ってください。

⑤ 閲覧をする

（出典）法務省ホームページ「自筆証書遺言書保管制度」

遺言者が預けた遺言書を返してもらう（撤回）

遺言者は，遺言書保管所に保管されている遺言書について，保管の申請の撤回をすることにより，遺言書の返還等を受けることができます。

保管の申請の撤回の流れ　※保管の申請の撤回は，遺言の効力とは関係がありません。

① 撤回書を作成する

撤回書に必要事項を記入してください。撤回書の様式は，
法務省HP（http://www.moj.go.jp/MINJI/minji03_00051.html）
からダウンロードできます。また，法務局（遺言書保管所）窓口にも備え付けられています。

🔍 **保管の申請の撤回ができる者**
・遺言者本人のみ

🔍 **本人確認**
遺言者の本人確認のため，運転免許証等，顔写真付きの身分証明書を提示していただきます。

② 撤回の予約をする

🔍 **保管の申請の撤回ができる遺言書保管所**
遺言書の原本が保管されている遺言書保管所のみです。

③ 撤回し，遺言書を返してもらう

撤回書（及び添付書類）を遺言書保管所に提出してください。

🔍 **添付書類**　不要です。ただし，保管の申請時以降に遺言者の氏名，住所等に変更が生じている場合には，変更が生じた事項を証する書面を添付する必要があります。
※遺言書の保管の申請の撤回には手数料はかかりません。

遺言者が変更事項を届け出る（変更の届出）

遺言者は，保管の申請時以降に氏名，住所等に変更が生じたときには，遺言書保管官にその旨を届け出る必要があります。

変更の届出の流れ

① 届出書を作成する

届出書に必要事項を記入してください。届出書の様式は，
法務省HP（http://www.moj.go.jp/MINJI/minji03_00051.html）
からダウンロードできます。また，法務局（遺言書保管所）窓口にも備え付けられています。

🔍 **変更の届出ができる者**
・遺言者本人　左記の親権者や成年後見人等の法定代理人

② 変更の届出の予約をする

🔍 **変更の届出ができる遺言書保管所**
全国のどの遺言書保管所でも届出をすることができます。※変更の届出は郵送でも可能です。

③ 変更の届出をする

変更届出書及び添付書類を遺言書保管所に提出又は送付してください。

🔍 **添付書類**　変更が生じた事項を証する書面（住民票の写し，戸籍謄本等）
請求人の身分証明書のコピー

法定代理人が届出する場合　戸籍謄本（親権者）又は登記事項証明書（後見人等）（作成後3か月以内）

※遺言者本人以外の氏名，住所等に変更が生じた場合には，添付書類は不要ですが，正確な通知のためには住民票等で確認いただいた上で届け出てください。
※変更の届出には手数料はかかりません。

（出典）法務省ホームページ「自筆証書遺言書保管制度」

4 公正証書遺言の手続

　遺言書のなかではいちばん争いを避けることができ、安心・安全と思われているのが公正証書遺言です。

　遺言書を作成してもらおうといきなり公証役場に行って、その場ですぐに遺言書ができるわけではありません。まず作成するにあたって、揃えるものがあります。

必要書類

- 遺言者の印鑑証明書
- 相続人に相続させる場合には遺言者と相続人の関係がわかる戸籍謄本
- 相続人以外に遺贈する場合には、受贈者の住民票等
- 遺言書の内容となる財産がわかるもの
   不動産の場合には履歴事項全部証明書と評価証明書等
   不動産以外の財産の場合にはそれらのメモ書き

　これらを揃えて、自分がどうしたいのかもある程度決めて公証人に伝えます。公証人がそれを元に文案を考えてくれ、その内容を相互に確認していきます。内容が確定したら、公証役場での調印となります。ここでは証人2名が必要です。自分で2名（推定相続人は証人になれません）をお願いできなければ、公証役場にその旨伝えて手配してもらいます。

　調印の日には、個人の実印を公証役場に持って行きます。公証人が遺言者、証人2名の前で遺言書の内容を読み聞かせ、内容に齟齬がなければ遺言者、証人が署名捺印します。公証役場まで家族に連れて来てもらったとしても、その人は調印する室内には入れませんので外で

待ってもらいます。あくまでも遺言書の内容を、証人と公証人以外に知られないようにするためです。

　公証役場まで行けない場合には、公証人の日当が必要になりますが、自宅や病院などに来てもらって調印することもできます。入院していたとしても、遺言者の意思さえ確認できれば遺言書は作成することができます。逆に本人の意思が曖昧な状況になってしまえば、公証人が本人の意思能力を判断して、遺言書作成がもはや厳しいと判断されてしまうこともあります。

　認知症の発症と違い、病気や事故で意思能力を失うのは一瞬です。いつかそのうち……と思っている間に不慮の事故等で意思能力を失ってしまえば、もはや何をしても遺言書を作成することはできません。「遺言書を作ろう」と思った場合には、すぐに行動に移すことが重要です。

▶公証人手数料

目的の価額	手数料
100 万円以下	5000 円
100 万円を超え 200 万円以下	7000 円
200 万円を超え 500 万円以下	11000 円
500 万円を超え 1000 万円以下	17000 円
1000 万円を超え 3000 万円以下	23000 円
3000 万円を超え 5000 万円以下	29000 円
5000 万円を超え 1 億円以下	43000 円
1 億円を超え 3 億円以下	4 万 3000 円に超過額 5000 万円までごとに 1 万 3000 円を加算した額
3 億円を超え 10 億円以下	9 万 5000 円に超過額 5000 万円までごとに 1 万 1000 円を加算した額
10 億円を超える場合	24 万 9000 円に超過額 5000 万円までごとに 8000 円を加算した額

（出典）日本公証人連合会ホームページ

また公正証書遺言を作成する場合、弁護士や司法書士などの専門家に依頼することも多いでしょう。公証人はこちらが伝えたことは内容にしてくれますが、カウンセリング的に聞き取りまではしてくれません。そうなると自分主導ですべてを決めていくことは非常に難しいので、専門家に依頼することが一般的です。

　通常専門家は、何度かのヒアリングを重ねて、遺言者の財産の有無や種類を確認し、そのうえでご本人の意向を踏まえてアドバイスをしていきます。遺言者の気がつかなかった点も教えてもらえるので、安心です。

　たとえば相続人のうち誰かひとりに100％相続させたい、あるいは相続人以外に遺贈したいと思っても、兄弟姉妹以外、他の相続人には遺留分があります。遺留分とは、相続人に法律上保障された一定の割合の相続財産のことです。遺留分を侵害された場合、相手方に対して遺留分侵害額に相当する金員を請求することができる権利なのです。もちろん「いらない」と思えば要求しなければいいだけのことですが、もし「請求」すれば、争うことなく当然に取得できる権利でもあるのです。

　そのため専門家が遺言書の作成依頼を受ける場合には、この点は気を遣います。仮に遺言者の希望があったとしても、遺留分減殺請求をされることのリスクを最小限にするためにさまざまな提案をするでしょう。

　「うちは揉めないよ」という遺言者もいらっしゃいますが、揉めないのは今現在生きていらっしゃるからです。亡くなった後になれば、揉めてしまうものなのです。そんな悲しい争いを数多く見てきました。だからこそ専門家は、揉めるリスクを残さないようアドバイスしていくのです。

〈事例1〉

　以前私が遺言書作成のお手伝いをした女性がいました。お子さんが3人いて、ご主人はすでに他界されていました。ご夫婦で一生懸命に努力され、数棟のビルを所有するまでになられたのです。お子さんたちが結婚される時には、それぞれにそれ相当のお支度もされました。

　この女性は「長女に全部の財産を託したい」と来られました。聞けば長男や次女にはつらく当たられ、相談に同行している長女がいちばん世話をしてくれるので、彼女にすべての財産を譲りたいというのです。何度も遺留分のことを説明し、いろいろと提案もしたのですが、意思は固く、結局女性の思いをそのまま公正証書で遺言にしました。

　それから数年経ったでしょうか。長女から女性がお亡くなりになったことを知りました。驚くことに、亡くなられた後、公正証書遺言が13通も出てきたというのです。日付からして、私が携わったのは8番目。その後も公正証書遺言を作り続けていたことになります。

　遺言書は、何度でも作り直すことができます。遺言の内容が競合している場合には、日付の新しいものが優先されます。この女性の場合、すべての遺言書の内容は「○○に全部の財産を相続させる」でした。そして○○は、当時一緒に住んでいた子どもの名前。女性は子ども3人の家を転々とし、そのたびに今一緒にいる子どもに対して「あなたに全部の財産を」と遺言書を作り続けてきたのです。

　これを知って、私はとても切なくなりました。「あなたに財産をあ

げるから」と言い続けなければ、自分を大事に扱ってもらえない、そう本能的に感じたのでしょうか。一生懸命に夫婦で財産を築き、晩年にその財産があるが故に子どもたちに気を遣ったのであれば、何のための財産だったのでしょう。

　もし女性が「子どもを頼らない」腹積もりがあれば、十二分に資産があるので、その思いも実現することは可能でした。そうすれば子どもたちの顔色を窺ったり、機嫌を取ることもなかったのにと今でも複雑な思いです。

〈事例2〉

　一方で、お子さんはいますが「それぞれにしっかりと学を付けたので、親の役目はおしまい。後は自分でがんばって欲しい」と、財産は子どもには残さないという決断をした女性もいました。

　ご自身は長いこと「ひとり親家庭」の支援に携われ、財産はひとり親家庭のために寄付をするという内容でした。当然、お子さんたちには遺留分があります。その点もアドバイスさせていただいたのですが、その女性はきっぱり言い切られました。

　「それぞれ生きて行けるように大学卒業までさせました。後は本人の努力です。常日頃、子どもたちには財産は寄付すると伝えていますし、子どもたちも了承しています。私の意思は伝え続けていますから、子どもたちを信じます」

　その言葉通りお亡くなりになられた後、自宅不動産の売却に携わったのですが、お子さんたちは何もおっしゃらず、売却で得たお金も無事に寄付となりました。

　お亡くなりになった後に権利を主張される相続人もたくさん見てきましたが、こうして常に自分の意思を伝え続けて、相続人になる人の

賛同を得ることが必要なのだと感じました。

　この方のように最近ではお子さんがいても、財産は自分が思うことに使いたいというケースが増えました。財産は家が相続するもの、○○家の財産、長男がと長年家督相続の時代にあった認識は、時代とともに完全に薄れました。

　個が尊重され、財産を築いてきた人が、処分方法を決める時代でもあります。自分がどうしたいのか、何に使いたいのかを明確にし、それによって親族間で争いにならないよう自分の思いを推定相続人に伝えておくことが自身の最期の身支度になるはずです。

〈事例3〉

　またこんなケースもありました。

　加山洋子さんは結婚以来、ご主人と一生懸命に働いて財産を築いてきました。子どもがいないので、老後に二人で旅行に行くことが夢でした。ところが51歳でご主人が病気で亡くなってしまいます。

　子どもがいない夫婦の場合、相続人は亡くなったご主人の親と配偶者が相続人になります（尊属がすでに亡くなっている場合は、ご主人の兄弟姉妹）。洋子さんの場合は、洋子さんと義父母が相続人でした。ご主人に遺言書はありません。

　洋子さんの場合には、法定相続分だと洋子さんが6分の4、6分の1が義父、6分の1が義母となります。ところが義父母は「息子と洋子さんが築いた財産だから私たちはいらないよ」と分割協議で揉めることはなく、遺産は洋子さんが全部取得することになりました。

ご主人が亡くなってから、3年後、洋子さんは遺言書を作成することを決めました。もし洋子さんに何かあれば、洋子さんの遺産は洋子さんの姉のものとなります。先に姉が亡くなっていたら姉の子が代襲相続人として、相続の権利を得ます。それでも洋子さんは、別の決断をしました。

　洋子さんの財産と言えば、一戸建ての自宅と現金です。現時点での評価ですが、ざっと7千万円ほどあります。そのすべてを亡くなったご主人の甥に譲りたいと決意しました。その理由は、ご主人の両親への思いでした。「財産の大半は不動産で、主人が亡くなった時、もし義父母が相続分を要求したなら、家を売却してお金で分けるしかありませんでした。でも義父母は私に相続するよう言ってくれたから、家が残ったのです。私は主人と暮らしたこの家に、住み続けることができました。主人は自分の甥っ子をとても可愛がっていました。だからこそ主人が残してくれた家は、主人側の血族に残してあげたい」
　洋子さんはご主人側の親族に、とても感謝しているのです。最愛の息子の突然の死に、親族も洋子さんと同じように悲しんだはずです。それでも何も要求することもなく、憔悴する洋子さんをとても励まし支えてくれました。「息子がいなくなっても、洋子さんは私たちの家族だからね。だから頼ってくれていいんだよ」そう言い続けてくれました。甥っ子も、ご主人が亡くなった後も洋子さんを気遣って連絡をしてきてくれています。

　ただどれだけ感謝していたとしても、ご主人の甥っ子は洋子さんの相続人にはなりません。そのため遺言書で「遺贈する」と記載しておかないと、思いを遂げることはできないのです。だからこそ遺言書をきっちりと作っておこうと決めました。
　さらに几帳面な洋子さんは、兄弟姉妹には遺留分はありませんが、

自分の姉に遺言書作成の意図を説明しました。自分が亡くなった後、自分の親族が財産を取得する甥っ子に嫌な感情を抱くことを、あらかじめ防ぎたかったのです。姉は洋子さんの気持ちを汲んでくれました。娘たちに洋子さんの思いを伝え「一切口を出さない」ように諭してくれたのです。

「自分の保険の受取人を、二人の姪にしました。あの子たちも私にとって可愛い存在ですから。気をつけていても、姪たちにお世話になることもあるだろうし。だからそのお礼も含めて、保険に入りました。今回こうして自分の亡くなった後のことを自分で決めて形に残せたこと、本当に肩の荷が下りました。これからは何も心配せず、命続く限り人生を楽しみます」そういう洋子さんは、とても清々しい笑顔をされていました。

　自分が亡くなったときの推定相続人が兄弟姉妹の場合、遺言書がなければ自身の相続財産は兄弟姉妹もしくはその子たちに引き継がれます。もしそうでないことを望むのであれば、遺言書を作成しておかないと、自分の望む通りにはなりません。洋子さんは自分の思いを確実にするために遺言書を作り、また遺留分がないにもかかわらずきちんと相続人になる人に自分の思いを伝えられました。

　亡くなってから遺言書で知ったならば、どういう意図があったのかわからず、嫌な感情を相続人が抱くかもしれません。あらかじめ伝えておくことで、相手方も無用な憶測を回避することができました。

　「亡くなった後のことは知らない」という方もいらっしゃいますが、最期の最期までしこりを残さない心遣いは、残された人が穏やかに生活するうえでとても重要なことです。遺言書を作成する、自分の意図を伝えておく、これが大切だということを知っていただきたいと思います。

3 家族に頼らないと決めたときの
税金

▶相続手続のスケジュール

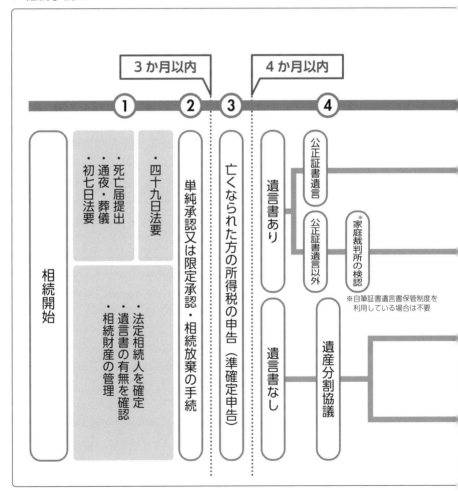

相続が発生したときに注意の必要な期限と税金の申告

　相続手続には、決められた期限がありますので、まず全体のスケジュールを把握することが重要です。

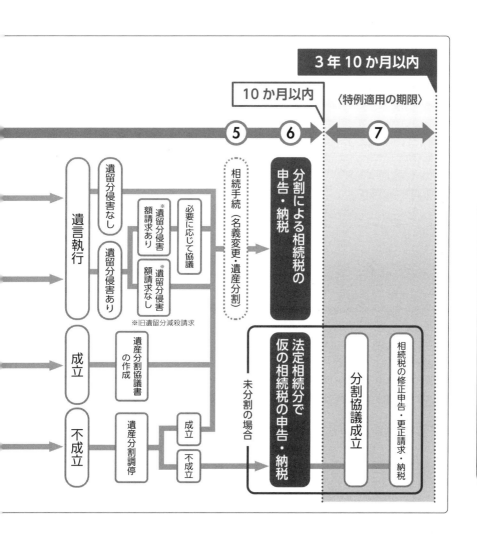

第**2**部　家族に頼らないと決めた人のためのお金・相続・税金の知識

1 亡くなられてから1週間以内に済ませておきたい手続

手続には、大きく分けて、「葬儀・法要」、「役所での手続」、「相続の手続」の3種類があります。

葬儀・法要
（宗派により異なります）

- 葬儀会社・お寺の手配
- お通夜
- お葬式
- 葬儀事務引継ぎ・支払い
- 四十九日以降の日程の打合せ
- あいさつ回り
- 香典返しの手配

役所での手続

- 死亡届　他
- 死亡保険金の請求
- 各種届出・請求
  ⇒年金・国民健康保険など
- 返却・解約
  ⇒パスポート・免許・会員証など
- クレジットカード会社に連絡

相続の手続

- 遺言書・相続財産の確認
- 準確定申告の準備
- 契約関係書類を探す
- 戸籍の収集

(1)葬儀・法要

「葬儀・法要」では、ご家族の方は、葬儀会社やお寺との打合せをしたうえで、進めていきます。

葬儀や法要の進め方について、亡くなられた方とご家族で意思疎通ができていれば、悩むことなく進めることができるかと思いますが、意思疎通のない場合、ご家族の方の精神的負担は大きなものになっていきます。

そのため、ご自身の「希望を反映したお葬式」をするため、葬儀会社との生前契約や葬儀信託を利用することを考えます。

また、葬儀会社に連絡する身内の方がいらっしゃらない場合には、「死後事務委任」を元気なうちに依頼しておくことをおすすめします。

⑵役所での手続

①死亡届の提出

役所での手続は、医療機関などから受け取った「死亡診断書」と「死亡届」を、亡くなられてから7日以内に「亡くなられた場所、本籍地、届出人の所在地」の役所に提出します。

受理されると、「火葬許可証」が発行され、火葬が済むと「埋葬許可証」を受け取ります。

(注意点) 死亡診断書は、生命保険の請求にも使用しますので、必ずコピーを取っておきます。

②除籍、戸籍の請求

相続手続には、亡くなられた方が「生まれてから亡くなるまで」の連続した戸籍が必要となります。

死亡届を本籍地に提出すると、「亡くなられた」事実の記載のある戸籍ができあがるまで、1週間前後必要になります。

③各種届出・請求

国民年金や厚生年金を受給していた方が亡くなられたときは、年金事務所に死亡の届出が必要になります。

この届出をする際に、「準確定申告用の源泉徴収票」も請求しておきます。

年金は、亡くなられた月の分まで支給されますので、未支給年金がある場合は、死亡当時に生計を共にしていた遺族の方が請求できます。

届出が遅れて、亡くなられた月の翌月以降も受け取ってしまった場合は、返納手続が必要になります。

また、埋葬料（健康保険の加入者が亡くなった場合）又は葬祭費（国民健康保険の加入者が亡くなった場合）も請求可能です。

これらの請求時には、保険証や年金証書を返却します。

②　亡くなられてから3か月以内に済ませておきたい手続

　相続の手続は、相続人の確定、遺言書の確認、相続財産と相続債務の確認がスタートです。

⑴相続人の確定

　相続人の確定には、亡くなられた方の生まれてから亡くなるまでの戸籍と相続人の現在戸籍を入手します。

　亡くなられた方の本籍地の役所で、その役所で入手可能なすべての戸籍を取得し、入手した戸籍の中で最も新しい戸籍に、その戸籍に入籍した直前の戸籍の記載がありますので、その役所から戸籍を入手していきますが、すべて揃えるには時間がかかります。

▶生まれてから亡くなるまでの戸籍のイメージ

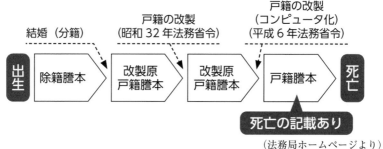

（法務局ホームページより）

　戸籍は、本籍地のある役所の窓口で取得できますが、遠方の場合は、郵送による請求で取得することも可能です。ただし、戸籍が到着するまで10日から2週間程度かかります。

　郵送で請求する場合に必要な書類等は、次の通りです。

- ●戸籍謄本等の交付請求書（郵送用）
- ●定額小為替
- ●返信用封筒（切手を貼付）
- ●本人確認資料

なお、被相続人の死亡の記載のある戸籍謄本、相続人の現在戸籍は、死亡日以降の日付で取得しなければなりませんが、それ以外の戸籍は、相続の前に準備することができますので、事前準備をしておけば、相続開始後の諸手続が楽になります。

　亡くなられた方の生まれてから亡くなるまでの戸籍と相続人の現在戸籍を基に「法定相続情報一覧図」を作成して法務局に持っていくと、申出日の翌年から5年間保存してくれます。

　この「法定相続情報一覧図」は、いつでも交付を受けることができ、相続手続に使用することができます。

　相続手続では、戸籍の有効期限が設定されており、「6か月」を期限としている金融機関が多いようです。

　この6か月の有効期限を経過すると、その戸籍一式では相続手続を受け付けてくれないこともありますが、この「法定相続情報一覧図」は、作成から5年間は再発行が可能なので、有効期限に縛られることがなくなります。

> **ポイント**
>
> ●戸籍は郵送でも入手可能
> ●被相続人の戸籍は事前準備しておく
> ●法定相続情報一覧図を法務局で保存する

　「相続人」の詳細は160ページをご参照ください。

⑵遺言書の確認

①遺言の種類（162ページ参照）

　遺言には、大きく分けて「公正証書遺言」と「自筆証書遺言」の2種類があります。

　「公正証書遺言」は、遺言者が死亡した後であれば、相続人や受遺者や遺言執行者などの利害関係人は「遺言検索システム」を利用して、公正証書遺言の有無を調べることができます。

相続人が遺言検索システムを利用する際に必要な書類は、下記の通りです。

●亡くなられた方の戸籍謄本
●相続人の戸籍謄本
●印鑑証明書（3か月以内）、実印

また、「自筆証書遺言」は、法務局で保管されている場合があります。遺言者が死亡した後は、「公正証書遺言」と同様に保管の有無を確認することができます。

詳細は168ページをご参照ください。

②遺贈の種類

遺言により自身の財産を他人に無償で譲ることを「遺贈」といい、遺言者の死亡によって効力が発生します。

遺贈により財産を取得する人を「受遺者」といい、相続人、相続人以外の個人、法人も対象になります。

相続人以外の個人及び法人に対して財産を譲りたいときは、原則として遺贈以外の方法はありません。

この遺贈には、大きく分類すると、特定遺贈と包括遺贈の2種類があります。

ⅰ）特定遺贈

特定遺贈とは、財産を具体的に特定して遺贈する方法をいいます。

受遺者は、遺言者の死亡後、いつでもその遺贈を放棄することができます。

▶特定遺贈の文例

第1条　遺言者は、下記記載の不動産を、妻○○○○（昭和○
年○月○日生）に相続させる。
　　所在　　○○市○○町○丁目
　　地番　　○番○
　　地目　　宅地

ii）包括遺贈

　包括遺贈とは、財産の全部又は一部を割合で遺贈する方法をいい
ます。

　包括遺贈により財産を取得する者を「包括受遺者」といい、相続
人と同一の権利・義務を有します。

　このため、包括受遺者が遺贈の放棄をする場合は、相続の開始が
あったことを知った日から3か月以内に家庭裁判所に相続放棄の申
述をする必要があります。

▶包括遺贈の文例

第1条　遺言者は、遺言者の所有する一切の財産を、次の者に
包括して遺贈する。
　　本　籍　　○○市○○町○丁目○番○
　　住　所　　○○市○○町○丁目○番○
　　受遺者　　○○　　○○（昭和○年○月○日生）

(3)相続財産と相続債務の確認

　相続税の課税対象となる財産には、「本来の財産」と「みなし相続
財産」の2種類があり、まず、被相続人の財産の棚卸しを行い、次に
財産を評価して、数値におきかえていきます。

①被相続人の財産の確定

　i）　本来の財産

　　本来の財産とは、民法上の財産をいい、土地、家屋、現金、預貯金、有価証券、ゴルフ会員権、貴金属、書画、骨董等をいいます。

　　なお、お墓、仏壇、位牌など祭祀に関する財産は、相続税の非課税財産となりますので、課税対象外となります。

　　被相続人がご自身の財産の所在を相続人に伝えていればわかりやすいですが、そうではない場合、被相続人の財産の把握は難しくなります。

　　パソコン上で取引をしているケース（パスワードが不明で）、家族に話していないケースは、特に困難です。

PC上での管理	情報なし
ネットバンキング、ネット証券 ビットコインなど	借入金、保証 スマホアプリの月払い契約など

　　このため、郵便物が財産の発見のポイントになりますので、届いた郵便物は、相続手続が終わるまで、保管しておくことをおすすめします。

ii) みなし相続財産

　みなし相続財産とは、本来は被相続人の財産ではありませんが、相続税を計算するうえで、相続財産とみなすものをいい、相続をきっかけとして受け取る財産をいいます。

　主なみなし相続財産として、被相続人が保険料を負担していた「死亡保険金」や「死亡退職金」があります。

　それぞれ、相続税が非課税となる枠があり、「500万円×法定相続人の数」までは相続税の対象となりません。

　たとえば、死亡保険金が2,000万円で、法定相続人が配偶者と長男、長女の合計3人の場合、2,000万円から1,500万円を差し引いた500万円を相続税の課税対象財産と考えます。

②相続債務の確認

　被相続人の財産より債務が多い場合は、相続人や包括受遺者は、相続放棄をしない限りすべての債務を承継することになります。

　相続放棄の期間は、原則として相続の開始があったことを知った日から3か月以内となりますので、早急な債務の確認が必要です。

　相続債務の調査は、ご家族が疎遠になっているなど、債務の存在がまったくわからない場合は、下記の機関に問い合わせます。

機関名	確認内容	連絡先
全国銀行個人信用情報センター（KSC）	金融機関系のローンやクレジットカード等の契約内容の確認	0120-540-558
株式会社シー・アイ・シー（CIC）	クレジット系の契約内容の確認	0570-666-414
株式会社日本信用情報機構（JICC）	消費者金融系の契約内容の確認	0570-055-955

　（注意点）　郵送による法定相続人開示申込手続

　株式会社シー・アイ・シーは、加盟しているクレジット会社等との契約の内容や支払状況等の信用情報を開示します。

　ここでは、開示申込に必要な書類を説明します。

i) 信用情報開示申込書（法定相続人用）

カナ氏名、生年月日、電話番号又は運転免許証番号の一致した情報が開示され、開示結果は、法定相続人の現住所に、簡易書留かつ親展で郵送されてきます。

なお、法定相続人の代理人が申し込む場合は、下記の書類が必要となります。

●法定相続人からの委任状（実印）
●法定相続人の印鑑証明書の原本（発行日から3か月以内）
●代理人の本人確認書類（2点）

ii) 法定相続人の本人確認書類（下記のいずれか2点）

本人確認書類	注意点
運転免許証（運転経歴証明書）のコピー	住所変更がある場合は要裏面
マイナンバーカードのコピー	表面のみ
パスポートのコピー	住所欄を含む
各種健康保険証のコピー	住所欄を含む
写真付住民基本台帳カードのコピー	住所変更がある場合は要裏面
各種年金手帳のコピー	住所欄を含む
各種障がい者手帳のコピー	住所欄を含む
在留カード又は特別永住者証明書のコピー	住所変更がある場合は要裏面
住民票の原本	本籍地、個人番号の記載のないもの（ホチキス留は取外し不可）
戸籍謄本又は抄本の原本	ホチキス留は取外し不可
印鑑登録証明書の原本	

ⅲ）申込者が法定相続人であることが確認できる証明書類及び相続
　関係説明図
ア．発行日から3か月以内の戸籍謄本
　　申込者である法定相続人と開示対象者である被相続人との続柄
が記載されている戸籍謄本で、ホチキス留めされている場合は、
取外さないようにします。
　　なお、相続放棄により法定相続人となった場合は、相続放棄申
述受理証明書の提出が必要です。
イ．相続関係説明図
　　相続関係説明図とは、相続人が誰か、被相続人とどのような関
係かを表した図であり、次のようなものをいいます。

▶相続関係説明図の例

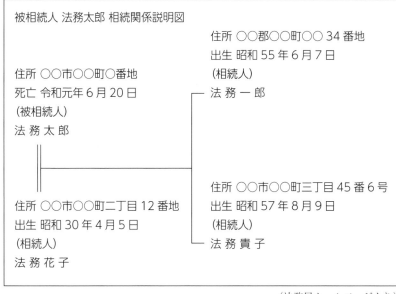

（法務局ホームページより）

ⅳ）開示対象者が亡くなったことの確認できる書類

　開示対象者である被相続人の亡くなったことの確認できる書類は、発行日から3か月以内の除籍の確認できる戸籍謄本、死亡診断書などです。

※法定相続情報一覧図の原本は、ⅲ）、ⅳ）の書類となります。

ⅴ）開示手数料（1,000円分の定額小為替）

　定額小為替の有効期限内である発行日から6か月以内のものが必要です。

3 亡くなられてから3か月以内にやるべき手続

　亡くなられた方の相続人と包括受遺者は、相続の手続について「単純承認」、「相続放棄」、「限定承認」のいずれかを選択することができます。

単純承認	単純承認をすると（相続放棄や限定承認の手続をしないと）相続人や包括受遺者が、亡くなられた方の土地や預金などの財産と借入金などの債務をすべて引き継ぎます。
相続放棄	債務が財産より多い場合、面倒な相続手続や相続人間のトラブルに巻き込まれたくない場合は、相続放棄をすると、財産も債務も一切引き継がず、相続人の地位は次順位に移ります。
限定承認	亡くなられた方の債務がどの程度あるか不明だが、財産が残る可能性もある場合、財産よりも債務が多い場合は、限定承認をすると、相続で取得した財産を限度として債務を引き継ぎます。

　相続財産が1,000、債務が800の場合、相続財産が800、債務が1,000の場合の単純承認、相続放棄、限定承認の効果は、次のイメージです。

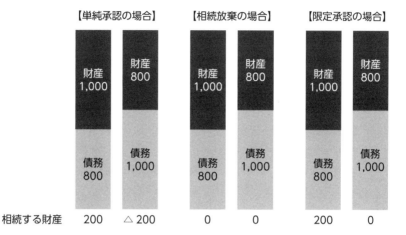

	【単純承認の場合】		【相続放棄の場合】		【限定承認の場合】	
相続する財産	200	△200	0	0	200	0

⑴相続放棄の手続

相続放棄の手続は、相続の開始があったことを知った日から3か月以内に、家庭裁判所に「申述」します。

①申述する人

相続放棄は、相続人又は包括受遺者が申述します。

申述人が未成年者又は成年被後見人の場合は、その法定代理人である親権者や成年後見人が申述します。

②申述期間

相続放棄は、自己のために相続の開始があったことを知ったときから3か月以内に申述しなければなりません。

相続の開始があったことを知った日とは、通常は亡くなられた日です。

しかし、亡くなったことを知らなかった場合は、「死亡の通知を受けた日」が相続の開始があったことを知った日となります。

また、先順位の相続人が全員相続放棄した場合は、「相続放棄をした事実を知った日」が相続の開始があったことを知った日となります。

③申述先

　相続放棄の申述先は、亡くなられた方の最後の住所地の家庭裁判所
です。

④申述に必要な書類

　　ⅰ）申述書

　　ⅱ）収入印紙800円、郵便切手（家庭裁判所に確認）

　　ⅲ）亡くなられた方の生まれてから亡くなるときまでの戸籍一式

　　ⅳ）相続人の戸籍謄本

　　※　ⅲ）、ⅳ）は、法定相続情報一覧図で代用できますが、被相続
　　　　人及び相続人の本籍地及び住所地を記載しておきます。

(2)限定承認の手続

　限定承認の手続は、相続の開始があったことを知った日から3か月
以内に、相続人又は包括受遺者の全員が共同して家庭裁判所に「申
述」します。

　その他、申述期間、申述先、申述に必要な書類は、相続放棄の手続
と同様です。

(3)相続の承認又は放棄の期間伸長の手続

　相続人又は包括受遺者は、自己のために相続の開始があったことを
知った時から3か月以内に、単純承認、相続放棄、限定承認をしなけ
ればなりません。

　しかし、この期間内に相続財産の調査をしても決定できない場合は、
家庭裁判所は申立てにより、3か月の期間を伸長することができます。

<table>
<tr><td rowspan="4">受付印</td><td colspan="2">家事審判申立書　事件名（ 相続の承認又は放棄の ）
期間伸長</td></tr>
<tr><td colspan="2">（この欄に申立手数料として1件について800円分の収入印紙を貼ってください。）

印　紙

（貼った印紙に押印しないでください。）</td></tr>
</table>

収入印紙	円
予納郵便切手	円
予納収入印紙	円

（注意）登記手数料としての収入印紙を納付する場合は，登記手数料として
の収入印紙は貼らずにそのまま提出してください。

準口頭		関連事件番号　平成・令和　　年（家　　）第　　　　　号

○　○　家庭裁判所 御中 令和○年○月○日	申　立　人 （又は法定代理人など） の　記　名　押　印	甲　野　杉　男　㊞

添付書類	

	本　籍 (国　籍)	（戸籍の添付が必要とされていない申立ての場合は，記入する必要はありません。） ○○　都道府県　○○市○○町○丁目○番地
申 立 人	住　所	〒 ○○○ － ○○○○　　　電話　○○○（○○○）○○○○ ○○県○○市○○町○丁目○番○号 （　　　　　　　方）
	連絡先	〒　－　　　　　　　　　　　電話　　（　　　） （注：住所で確実に連絡ができるときは記入しないでください。） （　　　　　　　方）
	フリガナ 氏　名	コウノ　　　スギオ 甲　野　杉　男　　昭和・平成・令和　○年○月○日生 （　○○　歳）
	職　業	会　社　員
※ 被 相 続 人	本　籍 (国　籍)	（戸籍の添付が必要とされていない申立ての場合は，記入する必要はありません。） ○○　都道府県　○○市○○町○丁目○番地
	最後の 住　所	〒 ○○○ － ○○○○　　　電話　　（　　　） ○○県○○市○○町○丁目○番○号 （　　　　　　　方）
	連絡先	〒　－　　　　　　　　　　　電話　　（　　　） （　　　　　　　方）
	フリガナ 氏　名	コウノ　　　タロウ 甲　野　太　郎　　昭和・平成・令和　○年○月○日生 （　○○　歳）
	職　業	無　職

（注）　太枠の中だけ記入してください。
　　※の部分は，申立人，法定代理人，成年被後見人となるべき者，不在者，共同相続人，被相続人等の区別を記入してください。

申 立 て の 趣 旨

　申立人が，被相続人甲野太郎の相続の承認又は放棄をする期間を令和〇〇年〇〇月〇〇日まで伸

長するとの審判を求めます。

申 立 て の 理 由

1　申立人は，被相続人の長男です。

2　被相続人は令和〇〇年〇〇月〇〇日死亡し，同日，申立人は，相続が開始したことを知りま

　した。

3　申立人は，被相続人の相続財産を調査していますが，被相続人は，幅広く事業を行っていたこ

　とから，相続財産が各地に分散しているほか，債務も相当額あるようです。

4　そのため，法定期間内に，相続を承認するか放棄するかの判断をすることが困難な状況にあり

　ます。

5　よって，この期間を〇か月伸長していただきたく，申立ての趣旨のとおりの審判を求めます。

（出典）裁判所ホームページ「家事審判の申立書」

金融機関初の成年後見法人の設立と地域貢献

城南信用金庫 名誉顧問　吉原 毅

　日本の総人口に占める65歳以上の高齢者人口の割合の推移をみると、2005年に20％を超え、2020年には28.7％となり（2020年9月15日現在「人口推計」より）、今後もこの割合は増加していくものと予想されます。

　高齢化が急速に進展する中で、「一般社団法人 しんきん成年後見サポート」は、金融機関によるわが国初の成年後見法人として、品川区内に営業店を有する5つの地元の信用金庫の協力により設立されました。

　社会貢献事業として成年後見制度の普及および充実に努めること等を通じて、判断能力に不安がある高齢者や障害者をはじめとする地域の皆様が、安心して暮らせる明るい地域社会の実現を目的として、公共的な非営利法人として運営しています。

　実務的には、地元の信用金庫が母体となっているため、信用金庫職員のOB・OGを中心に男女ペアとなって、後見担当者として皆様の支援に当たっています。

　設立から6年となり、「法定後見人受任」、「任意後見契約」および「死後事務委任契約」、「家族信託」等活動を広げていく中で、2021年3月末現在で、下記の業務を承っております。

【受託件数】

法定後見人受任	移行型任意後見契約	死後事務委任契約	家族信託取次	遺言執行者指定
36 件	78 件	20 件	200 件	201 件

　上記の表のうち「移行型任意後見契約」とは、生活支援や療養看護（見守り契約）、財産管理などに関する委任契約と任意後見契約を同時に結びます。

このような契約を結ぶことによって、最初は、生活支援や療養看護、財産管理を行い、本人の判断能力が低下した後に、任意後見契約に移行していきます。

　近年では、ご本人やご家族の方から、将来の病気やケガで動けなくなった時の備えや、認知症になってしまうことなどを心配して、「移行型任意後見契約」についてのご相談が増えてきています。

　特におひとりさまの高齢者では、万が一、自分に何かあった時には頼れるところがないことから、当法人を任意後見人に指定した「移行型任意後見契約」の締結も増加しており、同時に「任意後見契約」と合わせた「死後事務委任契約」も受託しています。

　「死後事務委任契約」では、ご本人が逝去された後の葬儀に関する支援事務、医療費・介護施設利用料等の支払い事務、行政官庁等への諸届事務等の諸手続をご親族に代わり行います。

　当法人が行った「死後事務委任契約」の中には、亡くなられた叔父様（被後見人）が所有していたお墓の墓じまいと新たな墓地への納骨が当法人の親身な対応により無事に済み、さらには、この納骨を機に20年近く会っていなかった従姉妹と再会できたことへのお礼の手紙をいただくようなこともありました。

　また、葬儀では、ご親族が参列される時はもちろん、おひとりさまでどなたも参列できない場合やご親族が遠方で参列困難な場合等でも当法人の後見担当者および事務局の職員が葬儀に参列し、お見送りをさせていただいております。

　当法人ではこうした契約に基づく各種業務を真摯に履行することはもとより、いかにして皆様にご納得いただけるか、ご満足いただけるかということを念頭に置き、心を込めて対応しております。

　最近では、資産の承継に有効な「遺言」のご相談のなかで執行者として対応するほか、資産の管理・運用、資産の承継等に有効な「家族信託」についての相談が大変多くなっています。

　これからの高齢化社会に向けて、「一般社団法人　しんきん成年後見サポート」は高齢者の皆様の人生を「ゆとり」を持って「安心」して暮らして行けるよう全力でサポートしてまいります。

4 亡くなられてから4か月以内に済ませる手続

亡くなられた方が、所得税や消費税の確定申告をしていた場合は、亡くなられた方の相続人及び包括受遺者は、確定申告書を税務署に提出します。

これを準確定申告といいます。

⑴通常の準確定申告

所得税の準確定申告書の提出期限は、被相続人に確定申告義務がある場合は、相続開始日の翌日から4か月以内となり、相続人と包括受遺者が、被相続人の納税地の税務署長に準確定申告書を提出し、それぞれの相続分に応じて納税します。

なお、還付申告書を提出できる場合は、期限の定めはありませんが、5年間行使しないと時効になり還付を受けることができなくなってしまいます。

▶申告期限の具体例
①前年中に相続が開始した場合

②本年の3月15日までに相続が開始した場合

⑵相続人又は包括受遺者がいない場合

　民法上の相続人及び包括受遺者がいない場合を、「相続人不存在」といい、相続財産は「相続財産法人」となります。

　この場合、家庭裁判所は、利害関係人又は検察官の請求によって相続財産の管理人を選任します。

　相続財産管理人が選任された場合、亡くなられた方の準確定申告書の提出期限は、管理人が確定した日の翌日から４か月を経過する日となります。

▶準確定申告書を提出する人

相続人がいる場合	相続人又は包括受遺者	
相続人がいない場合	包括受遺者がいる場合	包括受遺者
	包括受遺者がいない場合	相続財産法人

5 法人への遺贈がある場合の特殊な準確定申告

　遺言によって財産を寄付することを、「遺贈寄付」といいます。

　ここでは、法人に対して遺贈寄付をした場合に発生する税金について、説明します。

⑴法人へ遺贈した場合の税金

　法人へ財産を遺贈した場合、相続発生時に時価でその財産を譲渡し

たものとして、含み益に対して所得税が亡くなられた方に発生し、準確定申告の期限までに申告と納税が必要となります。

　これを「みなし譲渡」といい、「みなし譲渡」の対象となる財産には、次のようなものがあります。

●土地、借地権、建物、船舶
●株式等、ゴルフ会員権
●金地金、宝石、書画、骨董、機械器具
●特許権、著作権、鉱業権　など

　貸付金や売掛金、預貯金などの金銭債権は、「みなし譲渡」の対象から除かれます。

【みなし譲渡のイメージ】
被相続人が 1,000 万円で購入した土地が、相続開始日に時価 5,000 万円になっていた場合

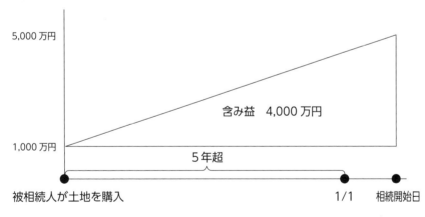

①被相続人の譲渡所得課税
　個人が法人に「みなし譲渡」の対象となる財産を遺贈した場合は、時価で譲渡したものとみなして、亡くなられた方の生前の含み益である 4,000 万円に対する所得税を相続人又は包括受遺者が、準確定申告で納税します。

（5,000万円－1,000万円）×15%[※]＝600万円

※被相続人の所有期間が、相続開始年の1月1日現在で5年を超えているため、所得税15%（他に復興特別所得税）

相続人又は包括受遺者が負担した所得税は、相続税の計算上、債務控除の対象となります。

また、包括受遺者が法人のときは、法人の課税所得の計算上、損金の額に算入します。

なお、時価で譲渡したものとみなして、個人の含み益を清算する理由は、個人から法人に無償で財産を移転した場合、法人はゴーイングコンサーンであるため、永久に課税する機会を失い、課税が繰り延べられてしまうからです。

②法人の受贈益課税

無償で財産を取得した法人は、受贈益という利益を所得に加算して法人税を支払うこととなります。

（土　地）5,000万円／（受贈益）5,000万円

法人税の対象

③株主への課税

遺贈を受けた法人が同族会社の場合は、被相続人が所有する同族会社株式の評価額のほか、遺贈によりその法人の株価が上昇したときは、亡くなられた方から株主に対して、上昇した株価相当額を相続又は遺贈で取得したものとみなして相続税が発生します。

純資産がプラスの会社の場合は、遺贈により法人の株価が上昇します。

事例のケースでは、子は株価の上昇分について相続税が発生します。
（51,500円－20,000円）×400株＝1,260万円

相続税の対象

【通常の場合】

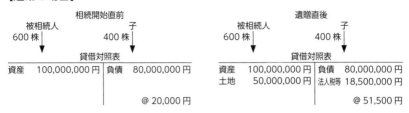

※法人税等は受贈益の37%相当額

　なお、遺贈を受けてもなお債務超過の法人の場合は、株価の上昇がありませんので、相続税は発生しません。

【債務超過会社の場合】

⑵公益法人等に遺贈した場合

　公益法人等に「みなし譲渡」の対象となる財産を遺贈した場合、通常は⑴に記載した通り、時価で譲渡したものとみなして、含み益に対して所得税が発生します。

　しかし、準確定申告書の提出期限までに、「租税特別措置法第40条の規定による承認申請書」を税務署に提出して国税庁長官の承認を受けることにより、所得税が非課税となる特例を適用できる方法があります。

　なお、その遺贈により遺言者の親族その他これらの者と特別の関係がある者の相続税の負担が不当に減少すると、課税庁に判断されたときは、公益法人等に対し相続税が発生することがあります。

▶承認のための要件

> 財産の寄付が、教育又は科学の振興、文化の向上、社会福祉への貢献、その他公益の増進に著しく寄与すること

> 寄付財産が、相続開始日から2年を経過する日までの期間内に、寄付を受けた公益法人等の公益目的事業の用に供され、又は供される見込みであること
> ●認められる場合
> ・幼稚園を運営する公益法人等に対し園庭を寄付した場合
> ・寄付財産が株式のときは、配当金の全部を公益目的事業に使用している場合
> ●認められない場合
> ・寄付を受けた財産を賃貸して、賃料収入を公益目的事業に使用している場合
> ・寄付を受けた財産を、福利厚生施設として使用する場合

(3)限定承認した場合

　亡くなられた方の債務を、相続財産を限度として承継することを「限定承認」といいます。

　この場合、相続財産の範囲で債務を弁済するため、相続財産より債務のほうが少なければ相続財産が残り、相続財産より債務のほうが多ければ、相続財産を超える債務は、弁済する必要がなくなります。

①限定承認をした際の所得税

　相続人及び包括受遺者が限定承認をしたときは、亡くなられた方の財産を相続人及び包括受遺者に相続開始時の時価で売却したものとして取り扱い、含み益が実現したものとして所得税の納税が発生します。

　これを「みなし譲渡」といいます。

②「みなし譲渡」の発生する理由

　相続人及び包括受遺者が相続財産を譲渡した場合、亡くなられた方の生前の含み益についてまで所得税を発生させないように、相続開始

時でいったん清算させることを趣旨としています。

　ⅰ）通常の場合

　亡くなられた方が昭和63年に土地を1,000万円で購入し、相続人がその土地を8,000万円で売却できたとすると、7,000万円の含み益に対して、相続人が所得税を納税します。

○相続人の譲渡所得課税

　（8,000万円 – 1,000万円）× 20%[※] = 1,400万円

　※被相続人と相続人の所有期間が、相続財産の売却年の1月1日現在で5年を超えるため、所得税15%、住民税5%（他に復興特別所得税）

【通常の場合】

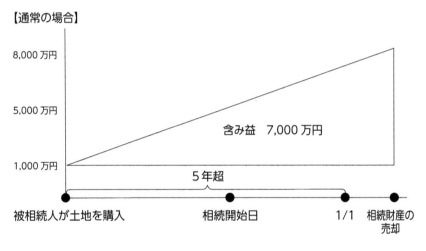

　ⅱ）限定承認の場合

　相続開始時の時価が5,000万円とすると、亡くなられた方の生前の含み益は4,000万円、相続開始後売却するまでの値上がり益が3,000万円となります。

　限定承認の場合は、亡くなられた方の生前の含み益である4,000万円に対する所得税を相続人が負担することなく、亡くなられた方の債務として清算することを目的として、「みなし譲渡」の対象と

しています。

　ア.被相続人の譲渡所得課税（準確定申告）

　（5,000万円－1,000万円）×15%※＝600万円

　※被相続人の所有期間が、相続開始年の1月1日現在で5年を超
　　えているため、所得税15%（他に復興特別所得税）

　なお、準確定申告で発生した所得税は、亡くなられた方の債務
に該当し、相続人及び包括受遺者が納税しますが、相続財産を超
える部分の負担はありません。

【限定承認の場合】

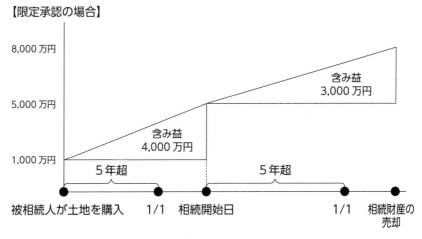

　参考　被相続人の自宅が「みなし譲渡」の対象となった場合

　ご本人が住んでいる自宅を売却した場合は、「居住用財産の3,000万
円控除」などの居住用財産を譲渡した場合の特例を受けることができ
ます。

　しかし、「限定承認」をした相続人が、亡くなられた方の親子や夫
婦など、亡くなられた方と特別な関係のある者（220ページ参照）に
該当するときは、特例の適用がないことにご注意ください。

　イ.相続人の譲渡所得課税

　（8,000万円－5,000万円）×20%※＝600万円

※相続開始日から相続財産の売却年の1月1日現在で5年を超え
ているため、所得税15％、住民税5％（他に復興特別所得税）

ウ．限定承認をする場合の準確定申告の申告期限

限定承認をする場合の準確定申告の申告期限は、限定承認の申述受理の審判の告知が、通常の準確定申告期限の後であっても、申告期限は延長されず、通常通り相続開始の日から4か月以内です。

したがって、準確定申告期限後に限定承認の申述受理の審判の告知を受けて、「みなし譲渡」の申告をした場合は、無申告加算税及び延滞税が発生します。

仮に、限定承認の申述受理の審判の告知を受ける前に、準確定申告書を提出した場合、相続人が相続財産の全部又は一部を処分したことに該当して、「単純承認」として「限定承認」が認められない懸念のあることにご注意ください。

6 亡くなられてから10か月以内の手続

亡くなられた方の財産が、相続税の基礎控除額を超える場合には、亡くなられた日の翌日から10か月以内に、相続税の申告書を、亡くなられた方の住所地の税務署へ提出します。

(1)相続税の基礎控除額

「相続税の基礎控除額」は、相続税の申告が必要かどうかの判定と相続税を納める必要があるかどうかの判定に使用します。

およその目安として、亡くなられた人のうち相続税の申告の必要な方は全体の10.7％（100人のうち11人）、相続税を納める必要のある方は8.3％（100人のうち8人）です。

相続財産

基礎控除額

相続税がかかる

相続税が
かからない

相続税が
かからない

0円

相続税の申告が不要
(89.3%)

相続税の申告が必要
(10.7%)

この相続税の基礎控除額は、法定相続人の数で決まり、「3,000万円＋600万円×法定相続人の数」で計算します。

▶基礎控除額

法定相続人の数	算式	基礎控除額
0人	3,000万円＋（600万円×0人）	3,000万円
1人	3,000万円＋（600万円×1人）	3,600万円
2人	3,000万円＋（600万円×2人）	4,200万円
3人	3,000万円＋（600万円×3人）	4,800万円
4人	3,000万円＋（600万円×4人）	5,400万円
5人	3,000万円＋（600万円×5人）	6,000万円
6人	3,000万円＋（600万円×6人）	6,600万円
7人	3,000万円＋（600万円×7人）	7,200万円
8人	3,000万円＋（600万円×8人）	7,800万円
9人	3,000万円＋（600万円×9人）	8,400万円
10人	3,000万円＋（600万円×10人）	9,000万円

相続財産がこの基礎控除額を超える場合に、相続税の申告が必要になります。

たとえば相続財産が8,000万円で、法定相続人が配偶者と亡くなられた方のご兄弟で合計10人いる場合、相続財産は9,000万円の基礎控除額以下のため、相続税の申告義務はありません。

▶相続人関係図

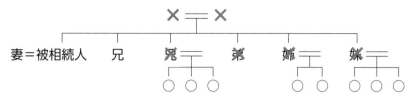

　相続税の申告が必要になった場合は、相続開始の日から10か月以内に被相続人の住所地の税務署に、相続税の申告書を提出し、納税を済ませる必要があります。

 法人への遺贈寄付と相続税の申告

⑴公益法人等に包括遺贈した場合

事例１：
（財　産）自宅4,000万円（時価）
　　　　　（被相続人の取得時期は40年前、取得費は不明）
　　　　　預金5,000万円
（相続人）被相続人の兄弟　２人
（遺　言）遺言執行者は、不動産を換価し、その換価代金と預金その他一切の財産を公益法人Ａに包括して遺贈する。

①準確定申告

ⅰ）譲渡所得

　公益法人に対し不動産を包括遺贈しているため、原則として、時価で公益法人Ａに譲渡したものとみなして、含み益に対して所得税が発生します。

公益法人に対する遺贈寄付ですが、遺言では不動産を換価して換価代金を公益法人Ａが取得することになっているため、相続財産を直接公益事業の用に供するわけではないため、原則として、譲渡所得の非課税承認を受けられません。

なお、被相続人の居住用財産を公益法人に譲渡するため、居住用財産の3,000万円控除及び軽減税率の適用があります。

4,000万円 − 200万円[※1] − 3,000万円[※2] = 800万円（課税所得金額）

800万円 × 14%[※3] = 112万円

※1　自宅の取得費は不明なため、譲渡価格の5%

※2　居住用財産の3,000万円控除

※3　居住用財産の軽減税率（他に復興特別所得税）

ⅱ）寄付金控除

公益法人に対して寄付をしているため、原則として、寄付時の時価が寄付金控除の対象となります。

なお、203ページの(2)により譲渡所得が非課税になったときは、取得費と寄付に要した費用の合計額が寄付金控除の対象となります。

特別控除前の所得金額は3,800万円のため、寄付金控除の限度額は、40%相当額の1,520万円となります。

控除限度額から2,000円を差し引くため、1,519万8千円が寄付金控除額となります。

┌ 算式 ┐

寄付金の額 = 4,000万円（自宅の時価）＋ 5,000万円（預金）= 9,000万円

限度額 = 3,800万円 × 40% = 1,520万円

9,000万円 ＞ 1,520万円

寄付金控除　1,520万円 − 2,000円 = 1,519万8千円

ⅲ）所得税の納税

ⅰ）課税所得金額800万円からⅱ）寄付金控除額を差し引くと所得が発生しないため、所得税の納税はありません。

長期譲渡所得			8,000,000
所得控除	寄付金控除	15,198,000	
	基礎控除	0	
	合計	15,198,000	15,198,000
課税譲渡所得金額			0
所得税			0

　仮に所得税が発生するときは、包括受遺者である公益法人Aが納税します。

②相続税

　相続税の基礎控除額は、相続人が2名のため4,200万円ですが、相続財産の全部を公益法人Aが取得するため、相続税の課税対象がありません。

③公益法人Aに対する課税

　公益法人Aは、寄付の受入れに対する法人税及び不動産の換価に対する法人税は発生しません。

　なお、その遺贈により被相続人の親族などの相続税の負担が不当に減少したときは、その公益法人を個人とみなして相続税がかかる場合があります（以下の事例も同様です）。

(2)公益法人等に収益物件を特定遺贈する場合

> 事例2：
> （財　産）アパート5,000万円（時価）
> 　　　　　（被相続人の取得時期は20年前、取得費は2,000万円）
> 　　　　　預金5,000万円
> （相続人）被相続人の兄弟　2人
> （遺　言）アパート及び預金のうち1,000万円は、社会福祉法人へ特定遺贈、預金は2,000万円ずつ兄弟が取得する。

①準確定申告

　i）譲渡所得

　社会福祉法人に対し不動産を特定遺贈しているため、原則として、時価で社会福祉法人に譲渡したものとみなして、含み益に対して所得税が発生します。

　公益法人に対する遺贈財産は、アパートのため、社会福祉法人では賃貸収入を受け取ることになり、相続財産を直接公益事業の用に供するわけではないため、譲渡所得の非課税承認を受けられません。

　5,000万円 − 2,000万円 = 3,000万円（課税所得金額）

　ii）寄付金控除

　社会福祉法人に対して寄付をしているため、寄付時の時価が寄付金控除の対象となります。

　所得金額は3,000万円のため、寄付金控除の限度額は、40％相当額の1,200万円となります。

　控除限度額から2,000円を差し引くため、1,199万8千円が寄付金控除額となります。

　　算式

寄付金の額 = 5,000万円（アパートの時価）＋ 1,000万円（預金）
　　　　　 = 6,000万円

限度額 = 3,000万円 × 40％ = 1,200万円

6,000万円 > 1,200万円

寄付金控除　1,200万円 − 2,000円 = 1,199万8千円

　iii）所得税の納税

　i）課税所得金額3,000万円から ii）寄付金控除額を差し引いて所得税を計算します。

長期譲渡所得			30,000,000
所得控除	寄付金控除	11,998,000	
	基礎控除	0	
	合計	11,998,000	11,998,000
課税譲渡所得金額			18,002,000
所得税			2,700,300

　この所得税（他に復興特別所得税）は、社会福祉法人に対する負担付遺贈としていない限り、相続人が納税することになります。

②相続税

　相続税の基礎控除額は、相続人が2名のため4,200万円ですが、相続財産のうち社会福祉法人が取得する財産を除くと4,000万円となるため、相続税の基礎控除以下となり相続税の申告義務がありません。

③社会福祉法人に対する課税

　社会福祉法人は、寄付財産から賃貸収入が発生するので、収益事業として、法人税の対象となります。

　なお、寄付の受入れに対する法人税は発生しません。

(3)学校法人へ校庭を寄付した場合

> 事例3：
> （財　産）校庭 5,000 万円（時価）
> 　　　　　（被相続人の取得時期は 20 年前、取得費は 1,000 万円）
> 　　　　　預金 5,000 万円
> （相続人）子 1 名
> （遺　言）校庭は、学校法人へ特定遺贈、預金は子が取得する。

①準確定申告

　ⅰ）譲渡所得

　学校法人に対し不動産を特定遺贈しているため、原則として、時価で学校法人に譲渡したものとみなして、含み益に対して所得税が発生します。

　学校法人に対して、校庭として使用している土地を遺贈寄付として受け入れるため、相続財産を直接公益事業の用に供しているので、手続をすることにより譲渡所得の非課税承認を受けることができます。

　ⅱ）寄付金控除

　公益法人に対する寄付は、寄付をした不動産の時価を寄付金控除の対象とすることが原則です。

　しかし、事例では、公益法人に寄付をした場合の譲渡所得の非課税の適用を受けているため、土地の取得費が寄付金控除の対象となります。

　寄付金の額＝1,000万円

　ⅲ）所得税の納税

　学校法人への「みなし譲渡」は、非課税のため、所得税の納税はありません。

②相続税

　相続税の基礎控除額は、相続人が1名のため3,600万円です。

　相続人が取得する預金5,000万円から基礎控除額3,600万円を差し引いた残額に相続税が発生します。

③学校法人に対する課税

　学校法人は、寄付の受入れに対する法人税は発生しません。

⑷遺言を作成できなかった場合

> **事例4：**
>
> （財　産）自宅　　　　　3,000万円（相続税評価額）
>
> 　　　　　預金　　　　　5,000万円
>
> 　　　　　生命保険金　　8,000万円
>
> （相続人）子1名
>
> （財産処分）自宅は相続人が住み続ける、亡くなった方が、「公益法
> 　　　　　　人○○」には2,000万円程度寄付をして、今後の活動の
> 　　　　　　糧にしてほしい、と言っていたので、2,000万円を寄付
> 　　　　　　する予定。

　相続税の対象となる財産は、下記のとおり、1億1,900万円になります。

自宅	3,000万円
預金	5,000万円
生命保険金	8,000万円
生命保険金の非課税金額	△500万円
	1億5,500万円
基礎控除額	△3,600万円
相続税の課税対象	1億1,900万円

　ただし、相続人の方が、亡くなられた方の希望通りに相続財産から2,000万円を公益法人に寄付した場合、相続税の申告期限までに完了していれば、この2,000万円は、相続税で非課税財産として取り扱うことができます。

　この非課税の適用を受けるためには、相続税の申告書に適用を受ける旨と寄付証明などを添付する必要があります。

自宅	3,000万円
預金	5,000万円
相続税の非課税金額	△2,000万円
生命保険金	8,000万円
生命保険金の非課税金額	△　500万円
	1億3,500万円
基礎控除額	△3,600万円
相続税の課税対象	9,900万円

　また、公益法人に対する寄付金は、寄付をした相続人の寄付金控除の対象になります。

(5)元気なうちに財産を換金して公益法人等に遺贈する場合

事例5：
（財　産）自宅1.2億円（時価）
　　　　　（ご主人より相続で取得、ご主人の取得費は2,000万円）
　　　　　ご主人からの相続預金1億5,000万円
（相続人）妹1人、甥2人
（遺　言）ある公益法人に遺贈予定でしたが、前述のように手続が複雑なため、老人ホームへの入居をきっかけに自宅を売却。換金後の預金から、自分が死ぬまでの生活費を消費した残りを公益法人に遺贈。

　事例のケースでは、自宅の売却により利益が発生しますので、ご本人の所得税の申告と納税、住民税の納税が発生します。

　ご本人の住んでいる自宅を売却した場合、「居住用財産の3,000万円控除」の特例と所有期間が10年以上であれば、「居住用財産の軽減税率」の適用を受けることができます。

　「居住用財産の3,000万円控除」は、譲渡益から3,000万円を差し引いて所得を計算します。

「居住用財産の軽減税率」は、譲渡益が6,000万円以下の場合、通常は所得税15%、住民税5%の税率となりますが、この特例を適用すると所得税10%、住民税4%と軽減されます。

　なお、所得税の2.1%相当の復興特別所得税が加算されます。

		所得税	住民税
通常の場合※1		15%	5%
居住用財産の軽減税率の場合※2	6,000万円以下	10%	4%
	6,000万円超	15% − 300万円	5% − 60万円

※1　売却年の1月1日における所有期間が5年を超える場合

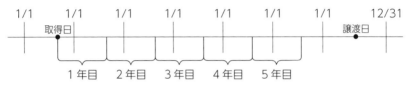

※2　売却年の1月1日における所有期間が10年を超える場合

　(算式)

1.2億円（売価）− 2,000万円（取得費）− 3,000万円（特別控除）
= 7,000万円（課税対象）

所得税　7,000万円 × 15% − 300万円 = 750万円

住民税　7,000万円 × 5% − 60万円 = 290万円

　所得税は、売却年の翌年3月15日までに申告と納税が必要となります。

　住民税は、売却年の翌年6月に、ご本人に納付書が郵送され、年4回の納期限に分割して納付するか、1回目の納付期限に1年分を一括して納付します。

　なお、売却年の翌年は、国民健康保険料や介護保険料などの負担が重くなりますので、納税資金の準備が必要です。

①特例を受けるための注意点

　この特例を受ける際の注意点は、下記のとおりです。

	3,000万円控除	軽減税率
所有期間	制限なし	売却年の1月1日における所有期間が10年超
居住期間	制限なし	
売却先	譲渡者の配偶者その他譲渡者と特別な関係のある者への売却は対象外です。	
売却の形態	贈与も可	

②特例の対象となる居住用財産

　特例の対象となる居住用財産の売却とは、下記のようなケースをいいます。

　ⅰ）現に居住の用に供している自宅を売却する場合

　ⅱ）居住の用に供していた自宅を売却する場合

　自宅から老人ホームなどへ転居して旧自宅を売却する場合、転居してから3年を経過する日の属する年の12月31日までに売却した場合は、この特例を受けることができます。

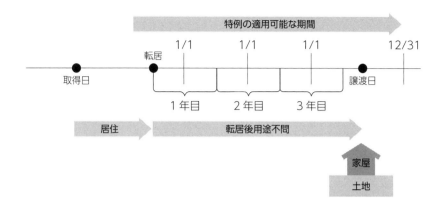

iii）居住の用に供していた自宅を取り壊して売却する場合

　居住の用に供していた自宅を取り壊して売却する場合、家屋を取り壊してから1年以内に売買契約を締結し、自宅を転居してから3年を経過する日の属する年の12月31日までに引き渡した場合は、この特例を受けることができます。

　なお、建物取壊し後は、貸付けその他の用途に使用してはいけないことに注意が必要です。

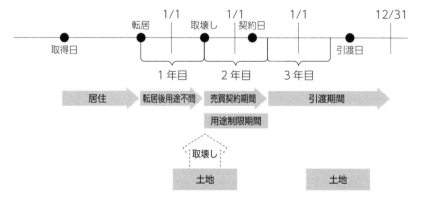

③特例の対象にならない売却先

特例の対象にならない売却先は、次のような者をいいます。

> ●譲渡者の配偶者
> ●譲渡者の祖父母、父母、子、孫など直系血族
> ●譲渡者と生計を一にする親族
> ●居住用家屋を購入後、購入した家屋に譲渡者と同居する親族
> ●上記の者が50%超の株式等を所有する同族法人など

🏢 コラム

どこに寄付したらいいかわからない

READYFOR株式会社　　　　北山 陽一
遺贈寄付コンサルタント

Q 私は、夫を3年前に亡くし、子どもはいません。家族としては離れて暮らす弟が健在ですが、疎遠でお互い「自分のことは自分で」とわりきった関係になっています。私には子どもがいないので、もしもの時は弟に対応してもらうことになるとは思っていますが、できるだけ迷惑をかけることは避けたいと思っています。弟も同年代のため、私より先に万一のことがある可能性もゼロではありません。このため私はひとり暮らしをやめて、相性のあう老人ホームをみつけて、住み始めたところです。

　老人ホームでお友達になった人の話を聞いていると、ご主人をがんで亡くしたようで、自分に万一のことがあったときは財産の一部を「がん撲滅」のために寄付をしたいと話していました。でも、どこに寄付したらいいかわからなかったので、老人ホームのスタッフに相談したところ、一生懸命インターネットで検索してくれたようです。

　私も同じように残った財産を社会のために使ってもらえるように寄付をしたいのですが、何をどのようにしたらよいかわかりま

せん。どのようにすればよいでしょうか。

夫は亡くなって
子どももいないし、
私の財産はどうしたら
いいのかしら

「遺贈」という
仕組みがあるのね。
ちょっと聞いて
みたいわ

夫は闘病中に色々な方に
お世話になったし、
がんとか医療に役立つ所に
寄付できないかしら

A　ご質問のように、万一のことがあったときに、ご自身の財産を特定の個人や団体に寄付をすることを、「遺贈寄付」といい、READYFOR㈱はそのサポートをしています。

　ご希望の分野の団体を複数ご説明できますので、その中から選ぶこともできますし、すでに決まっているご希望の特定の団体に寄付をする手続をすることも可能です。

　ご相談から遺贈寄付までの流れは次のとおりです。

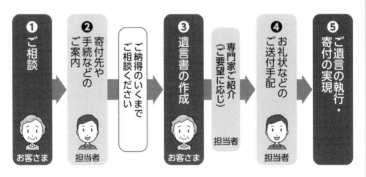

❶ ご相談
お客さま

❷ 寄付先や手続などのご案内
担当者

ご納得のいくまでご相談ください

❸ 遺言書の作成
お客さま

専門家ご紹介（ご要望に応じ）
担当者

❹ お礼状などのご送付手配
担当者

❺ ご遺言の執行・寄付の実現

　ご相談者の全体の資産のなかでどの程度を寄付に回すことができそうかなど、関連するお悩みについても、ご相談者と一緒に考えます。

　寄付のご意向や詳細が決まっていない方でも、お気軽にご相談ください。

221

著者等プロフィール

【著 者】

黒澤　史津乃（くろさわ・しずの）

執筆分担：プロローグ、第1部（subME の
コラムを含む）、第2部1.
株式会社 OAG ライフサポート シニアマネジ
ャー
1995年青山学院大学国際政治経済学部卒
業。大手資産運用会社における証券アナリス
ト、エコノミストを経て、2007年行政書士
登録。2021年6月までの15年間、身元保
証等高齢者サポートの大手事業者にて、高齢
者や障害者にまつわる法律問題に従事。
近年は、全国各地で「家族に頼らない自己決
定の老後・死後」について、積極的に講演活
動を行っている。消費生活アドバイザー及び
消費生活相談員（国家資格）登録。

奥田　周年（おくだ・ちかとし）

執筆分担：第2部3.
1965年生まれ。茨城県出身
1988年、東京都立大学経済学部卒業
1994年、OAG 税理士法人（旧・太田細川
会計事務所）入所
1996年、税理士登録。
2018年、行政書士登録
現在、OAG 税理士法人 チーム相続のリーダー
として、相続を中心とした税務アドバイスを
行うとともに、相続・贈与等の無料情報配信
サイト「アセットキャンパス OAG」を運営。
また、同グループの株式会社 OAG コンサ
ルティングにて事業承継のサポートを行う。
〈主な著書〉『図解と事例でよくわかる 都市
型農家の生産緑地対応と相続対策』（著）、『親
が認知症と思ったら できる・できない 相
続』（監修）、『資産 5000 万円以下の相続相
談 Q&A』（監修）（以上、ビジネス教育出版
社）、『身近な人の遺産相続と手続き・届け出
がきちんとわかる本』（著）、『葬儀・相続 手
続き事典』（監修）、（以上、日本文芸社）、『Q&A
相続実務全書』（編著）（ぎょうせい）

太田垣　章子（おおたがき・あやこ）

執筆分担：第2部2.
OAG 司法書士法人 代表司法書士
株式会社 OAG ライフサポート 代表取締役
神戸海星女子学院短期大学卒業。2002年司
法書士登録。2006年独立開業。
2002年から家主側の訴訟代理人として、延
べ 2,500 件以上の悪質賃借人明渡しの訴訟
手続を受託してきた、賃貸トラブル解決のパ
イオニア的存在。その中で数々の「身内を頼
れない」高齢者と向き合ってきた経験から、
おひとりさまに対するサポート体制が必要だ
と強く感じている。
〈著書〉『賃貸トラブルを防ぐ・解決する安心
ガイド』（日本実業出版社）、『家賃滞納とい
う貧困』『老後に住める家がない！』『不動産
大異変』（以上、ポプラ社）

【コラム執筆者】

吉原　毅（よしわら・つよし）

一般社団法人しんきん成年後見サポート 理
事長
城南信用金庫 名誉顧問、城南総合研究所 名
誉顧問
千葉商科大学理事・評議員・特命教授
麻布学園理事長
〈主な著書〉『信用金庫の力一人をつなぐ、地
域を守る』（岩波書店）、『世界の常識は日本
の非常識 自然エネは儲かる！』（講談社）他

北山　陽一（きたやま・よういち）

READYFOR 株式会社
遺贈寄付コンサルタント
大手信託銀行で遺言信託の受託手続ならびに
受託審査部門に携わるなど相続・遺言に関し
て 20 年近くの相談経験あり。
1 級ファイナンシャルプランニング技能士、
准認定ファンドレイザー。

【漫画、イラスト（カバー、221 ページを除く）】

華沢　寛治（はなさわ・かんじ）

株式会社 OAG ライフサポート

住所：〒102-0076　東京都千代田区五番町６－２　ホーマットホライゾンビル
電話：03-6261-4145　　FAX：03-6261-4146

私が倒れたら誰が手続きしてくれるのだろう、私が死んだら誰が……
誰しもが不安を抱える時代になりました。
人は誰しもが『おひとり様』になります。遺言書だけでは、不安を払拭できません。
むしろ生きている間の不安をなくすために、株式会社 OAG ライフサポートは全
力で貴方の『尊厳』をお守りいたします。

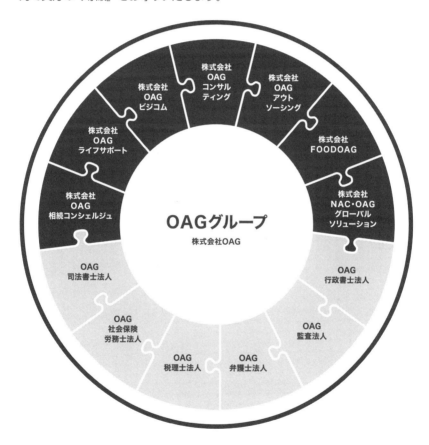

● OAG グループは、各分野の専門家が互いに連携して、時代の変化に柔軟で高
　品質なプロフェッショナルサービスを提供し、これらのサービスを通じて社
　会に貢献していきます。

家族に頼らない おひとりさまの終活
～あなたの尊厳を託しませんか

2021 年 8 月 5 日　初版第 1 刷発行

著　者　　奥田 周年・黒澤 史津乃・太田垣 章子
発行者　　中野 進介

発行所　　株式 会社 ビジネス教育出版社

〒 102-0074　東京都千代田区九段南 4 - 7 - 13
TEL　03（3221）5361（代表）／ FAX　03（3222）7878
E-mail ▶ info@bks.co.jp URL ▶ https://www.bks.co.jp

印刷・製本／シナノ印刷㈱　　装丁・本文デザイン・DTP ／タナカデザイン
落丁・乱丁はお取り替えします。

ISBN978-4-8283-0915-6　C0036